"존 슈와츠는 신중하게 생각하고, 참된 신앙을 사랑하며, 교회를 세워나간다. 그는 성경과 기독교적 사고의 이해를 확장시키는 데 헌신해 왔다. 그의 노고에 감사한다."

존 오트버그 (John Ortberg)
멘로파크장로교회 (Menlo Park Presbyterian Church) 교육목사

"존 슈와츠는 평신도로서 저술하고, 평신도가 이해할 수 있는 것을 쓴다. 그러나 그의 글은 깊이 있는 성경 연구를 하게 해준다. 이 책은 성경이란 무엇인지 알고 싶은 사람들에게 좋은 읽을거리이다."

토니 캠폴로 (Tony Campolo)
이스턴대학교 (Eastern University) 명예교수

"신앙생활을 처음 하는 사람들이나 성경을 탐구하는 사람들을 위한 안내서로, 또한 평신도들을 위한 재교육 교재로, 이 책은 기독교의 성경, 기독교의 믿음, 기독교의 역사, 그리스도인의 삶, 기독교와 공존하는 타종교들에 대한 탁월한 개관서이다. 시원시원하고 정확하며 사용하기 편한 이 책은 폭넓은 사역에 쓰일 것이며, 누구에게나 명확한 초점을 제시할 것이다."

J. I. 패커 (J. I. Packer)
리젠트대학 (Regent College), 신학부 교수

"「참된 믿음을 가지려면」은 그리스도인으로서 첫발을 내딛는 사람들에게 훌륭한 길잡이이고, 성경 역사에 대한 좋은 입문서이다. 이 책은 하나님이 역사하시는 거대한 이야기를 솜씨 있게 그려내고 있으며, 그리스도를 진정으로 따르는 것이 무엇인지를 깨닫게 하며, 그러한 삶을 실천하며 살고자 하는 모든 사람들에게 이 책을 기쁘게 추천하는 바이다."

레이튼 포드 (Leighton Ford)
레이튼포드사역 (Leighton Ford Ministries) 총재

"간결하고 쉬우면서도 아주 흥미롭고 정확하다. 무엇보다도 성경과 그리스도의 생애에 대해 알기 원하는 신자나 비신자들에게 설득력이 있다. 이 책이 성경을 읽는 모든 사람들의 친구가 되길 바란다. 독자는 성경을 이해할 수 있게 문을 열어 주는 짧고 쉬운 이 책을 좋아하게 될 것이다."

제리 화이트 (Jerry E. White)
네비게이토 (The Navigators) 명예총재

"존 슈와츠는 기독교에 대하여 믿을 만한 입문서를 썼다. 쉽지만 단순하지 않고, 솔직하고 간결하다."

팀 스태포드 (Tim Stafford)
「크리스채니티 투데이」 (Christianity Today), 수석작가

"존 슈와츠가 쓴 「참된 믿음을 가지려면」은 독자들의 욕구를 자극하는 정보를 제공해 주는 꼭 필요했던 책이다. 또한 이 책은 지금도 삼위일체의 하나님께서 우리를 부르시는 미래를 우리가 보고 상상할 수 있도록 문을 활짝 열어 준다."

사라 헨리히 (Sara S. Henrich)
루터신학교 (Luther Seminary), 신약학 부교수

"이 입문서는 성경, 기독교의 전통, 계속되는 전도 명령에 대한 정보에 근거한 포괄적인 설명을 찾는 사람이라면 누구나 반드시 읽어야 한다. 오랫동안 평신도 교사였던 슈와츠는 교회의 탄생과 성장뿐만 아니라 혼란스러운 세상의 도전에 둘러싸인 가운데 그리스도인답게 살아가기 위해 필요한 쉽고 중요한 지침이 담긴 기초적인 사실, 주제, 시기 등에 대해 읽기 쉬운 안내서를 주고 있다. 나는 「참된 믿음을 가지려면」을 적극 추천한다!"

케인 호프 펠더 (Cain Hope Felder)
호워드대학교 (Howard University), 신약 언어 및 문학 교수

참된 믿음을 가지려면

참된 믿음을 가지려면 A Guide to the Christian Life

지 은 이   존 슈와츠
옮 긴 이   전현주
발 행 인   홍성철
초판 1쇄   2006년 3월 3일
발 행 처   **도서출판 세 복**
주   소   서울특별시 중랑구 면목5동 149-6 한밀빌딩 301호
            전화: (02) 2209-5562
            홈페이지: http://www.saebok.net
            E-Mail: werchelper@hanmail.net
등록번호   제1-1800호 (1994년 10월 29일)
총 판 처   예영커뮤니케이션
            전화: (02) 766-7912, 팩스: (02) 766-8934
I S B N   89-86424-84-3   03230

값 5,000원

ⓒ 도서출판 세 복

참된 믿음을 가지려면

A Guide to the Christian Life

존 슈와츠 지음
전 현 주 옮김

도서출판 세 복

LIVING FAITH

A GUIDE TO THE CHRISTIAN LIFE

John Schwarz

목차

만일 당신이 고대 티베트의 건축을 공부하고 싶다면, 강의를 신청하고, 학습 자료들을 구하고, 정해진 학습 방법에 몰두해서 읽고, 토론하고, 실제로 찾아보고, 꾸준히 계속 배울 것이다. 오늘날 수많은 사람들이 새로운 주제를 선택해서 점차 자신의 것으로 어떻게 만드는지는 실제로 하지는 않더라도 잘 알고는 있다.

그러나 기독교와 관련해서는 그것이 다르거나 아니면 적어도 많은 사람들이 다르다고 생각한다. 대다수의 서양 국가에서 많은 사람들은 자신들이 기독교가 무엇인지 이미 알고 있다고 가정한다. 예수님이나 하나님이나 부활주일에 대해 말해보면, 최소한 옛날 옛적의 이야기들은 어렴풋이나마 알고 있다. 기도나 성스러운 일들, 종교 의식, 특히 교회에 참석하는 것, 그리고 물론 헌금에 대해서도 안다. (서양 문화권에는 이것조차도 모르는 사람들이 많다. 그러나 그들은 이러한 글을 읽지 않을 것이다.) 대다수의 사람들이 그런 식이다. 더 이상 할 말이 그다지 많지 않다. 기독교의 신앙을 믿거나 실천하지 않으면서도 그들은 대강은 다 아는 척한다.

그러나 그들은 모른다. 극소수를 제외하고는, 내가 티베트 건축에 대해 아는 게 없는 것처럼, 그들은 기독교에 대해 아는 게 거의 없다. 그들은 기독교가 극심한 사회적, 종교적 혼란기인 1세기에 유대교의 메시야 분파로 시작되었다는 것을 모른다. 예수님이 실제로 죽음에서 살아나셨다는 초대 기독교의 신앙을 뒷받침하는 탁월한 증거들이 있다는 것을 모른다. 초대 교회 성도들이 부활로 인해 세상 역사의 흐름이 바뀌었다고 믿었고, 그러므로 이미 하나님의 사랑으로 변화된 세상에 산다고 믿으면서 모든 악과 슬픔으로부터 마지막 구원을 기다리고 있었다는 것을 그들은 모른다. 그들은 신학적 탐구에 대해 깨끗이 잊은 무지 상태에 있다. 겨우 지난 몇 십 년 동안 이루어진 신학적 탐구를 통해, 교회는 예수님이 유일신교에서 말하는 진정한 하나님이 인간으로 나타나신 분이라는 것과 그의 죽음으로 한 사람이 많은 사람의 죄를 대신하여 죽는다는 고대 예언을 성취했다는 교회의 신앙을 자세하고도 세밀하게 밝혔다. 그런 사람들이 "성령"이라는 말을 생각한다면, 아마도 이 말이 무엇을 또는 누구를 언급하는지 잘 모를 것이다.

이것이 전부가 아니다. 예수님을 따르는 사람들은 다른 어떤 것보다 더 예수님을 예배하고 섬기는 데 헌신하기 때문에, 기독교의 믿음에는 피할 수 없는 정치적 국면이 있다는 것을 길거리에 있는 일반 사람들은 꿈에도 생각하지 못할 것이다. 만약 그런 사람들이 그리스도인들이 믿고 있는 궁극적인 미래에 대해 생각한다면, 그저 *천국*은 저 멀리 있는 곳일 뿐이다. 신약이 새 하늘과 *새 땅*을 말하고 있는데, 이것은 육체의 부활이 왜 그렇게 중요한지를 말해 준다는 것을 그들은 상상조차 못할 것이다.

다시 말해서, 서양 문화권의 대다수의 사람들은 초기 기독교가 얼마나 매혹적인 것이었는지 모른다. 오늘날 대다수의 그리스도인들도 그렇다. 그러나 그들은 알아야만 한다. 이 책, 존 슈와츠가 쓴 「참된 믿음을 가지려면: A Guide to the Christian Life」가 일생동안 배워나가는 경험을 시작하게 도와줄 것이다.

이것이 다가 아니다. 기독교는 삶 속에 들어가지 못했고, 그래서 모든 것이 여전히 그대로이다. 예수님을 맨 처음에 따랐던 사람들 이후로 이어지는 기독교 세대들은 예수님을 따르는 것, 자신들 내면에서 용솟음치는 예수님의 생명을 발견하는 것, "교회"라는 공동체에 속하는 것이 의미하는 바를 다양한 차원에서 탐구해 왔고, 이것이 공간과 시간을 초월하여 완전히 다른 문화권까지 뻗어나갔다. 그리스도인들은 성령님이 오랫동안 교회를 인도해 왔다고 믿기 때문에 (교회가 항상 협조적이었던 것은 아니다), 이전 세대들이 기록하고 행했던 것들이 오늘날 우리에게 여전히 중요하다. 그러나 역시, 믿음 생활을 한다는 대부분의 그리스도인들을 포함해서 지금 우리 시대의 대부분의 사람들은 그것에 대해 잘 모른다. 그러나 그것을 알아야 한다. 이 책이 그러한 시작에 큰 도움을 줄 것이다.

특히, 일반 구경꾼들이 짐작하는 대로 기독교란 독특한 생활양식과 특정한 실천이 뒤따르는 것은 맞지만, 그들은 어떻게 이 모든 것이 서로 연관이 있는지는 명확하게 모른다. 세례가 기독교의 결혼관이나 하나님의 창조물에 대한 청지기로서의 소명과 어떤 연관이 있는가? 또는 아니면 성찬식은 그 어떤 것과 연관이 있는가? 왜 기독교는 그토록 놀라운 예술, 음악, 문학을 발생시켰는가? 기독교가 기도, 아름다움, 고난, 타종교의 믿음에 대해 해야 할 말이 무엇인가? 왜 그리스도인들은 지구촌에서 이웃을 돌보는 데 특히 관심을 가져야 하는가? 왜 그리스도인들은 세계의 가난, 에이즈, 제 3세계의 부채, 국제 테러 같은 문제들로 고민해야 하는가? 이 모든 것이 많은 사람들에게는 뒤죽박죽 섞인 더미처럼 보인다. 그러나 현실에 대한 기독교의 비전으로 보면 이 모든 것이 일리가 있다. 그리고 단지 조금만 배워보면, 어떻게 돌아가는지 그들은 이해하기 시작할 것이다.

이 작은 책은 성경과 성경에 대한 개관과 기독교 역사에 대한 간략한 윤곽을 제시하고, 중요한 기독교의 신앙도 설명하며, 기독교의 특성을 타종교들과 비교하여 기독교의 특성을 보여 주고, 그리스도인들이 기도와 성경 공부를 통해 믿음을 돈독히 하는 방법도 제안한다. 그리고 마지막으로 그리스도인답게 살아가기 위해 필요한 중요한 지침들도 제시해 준다. 자신의 믿음을 진지하게 생각하는 사람들이나 믿음을 더 잘 이해하고자 하는 사람들에게 이 책은 좋은 안내서가 될 것이다. 이 책은 주제들을 깊이 있게 다루지는 않았지만, 많은 사람들이 시작하기에는 적절한 책이다. 이 책을 통해 많은 것을 배울 뿐만 아니라, 하나님의 살아 있는 말씀을 스스로 듣고 이해하는 데까지 나아가길 소망하고 기도한다.

톰 라이트 (Tom Wright)
영국 더햄(Durham)의 감독

성경의 이야기와 메시지

종교란 인류가 하나님께 도달하려는 시도이고, 유대교와 기독교는 하나님께서 인류에게 손을 내미시는 시도라고 말한다. 하나님은 *일반계시*와 *특별계시*를 통해 인간에게 다가오신다. *일반계시*는 하나님께서 "하늘과 땅"을 창조하신 것을 말한다 (창조는 창조자를 내포한다). *특별계시*는 하나님께서 이스라엘 민족의 조상들과 선지자들, 예수님의 사도들에게 하신 "말씀들"과 출애굽, 예수님의 죽음과 부활을 통해 보여 주신 하나님의 구원의 역사를 말한다. 성경은 영감으로 기록된 하나님의 특별계시의 증거이다.

영어 단어 *성경*(Bible)은 "책들"이라는 의미의 헬라어 *비블리아*(biblia)에서 나온 말이다. *정경*(正經: canon)의 책들은 랍비와 교부들이 성경으로 인정했던 것으로, 기원전 1100년부터 기원후 100년까지 1200년에 걸쳐 기록되었다. 그 책들은 40명이 넘는 서로 다른 저자들이 있지만, 알려진 저자는 일부이고, 대다수는 미상이다. 구약의 저자들은 예루살렘과 바벨론 같은 지역 출신이며, 신약의 저자들은 고린도와 로마 같은 지역 출신이다.

테스타멘트(testament)라는 단어는 "계약" 또는 "언약"을 의미하는 라틴어 *테스타멘툼*(testamentum)에서 온 것이다. 구약에는 하나님께서 시내산에서, "너희가 내 말을 잘 듣고 내 *언약*을 지키면"(출 19:5)이라고 말씀하시면서 이스라엘과 맺으신 언약이 있다. 신약에는 선지자 예레미야가 "나 여호와가 말하노라. 보라, 날이 이르리니, 내가 이스라엘 집과 유다 집에 *새 언약*을 세우리라"(렘 31:31)고 예언했던 언약이 있다. 예수님은 최후의 만찬에서 제자들에게, "이 잔은 내 피로 세우는 *새 언약*이니"(눅 22:20)라고 말씀하시면서 이 언약을 세우셨다.

구약 정경

개신교의 구약은 39권이고, 가톨릭교의 구약은 46권(70인역에 몇 권이 추가됨)이며, 동방정교회는 50권(가톨릭 구약에 에스드라1서, 마카비3서, 므낫세의 기도, 시편 151편이 추가됨)이다.

- *토라*(Torah) 또는 *모세오경*은 창세기, 출애굽기, 레위기, 민수기, 신명기로 이루어져 있다. 모세오경에서 하나님은 아브라함을 이스라엘의 조상으로 택하시고, 이스라엘 백성들을 애굽(이집트)의 종살이에서 해방시키시며, 시내산에서 이스라엘과 언약을 맺으신다.
- *역사서*는 여호수아, 사사기, 룻기, 사무엘상하, 열왕기상하,

역대상하, 에스라, 느헤미야, 에스더이다. 역사서들은 이스라엘이 기원전 1250년경에 여호수아의 인도를 받아 약속의 땅 가나안에 들어가서 기원전 538년 바벨론 포로생활에서 귀환하여, 기원전 500년대 초기에 예루살렘을 재건하고, 기원전 400년대 중반에 유대인의 삶을 "회복"하기까지 800년의 역사를 다루고 있다.

- *예언서*는 네 명의 대선지자 이사야, 예레미야 (예레미야 애가 포함), 에스겔, 다니엘과 열두 명의 소선지자 호세아, 요엘, 아모스 오바댜, 요나, 미가, 나훔, 하박국, 스바냐, 학개, 스가랴, 말라기의 글을 모은 것이다. 유대교의 성경은 소선지서를 12인의 책이라고 한다.
- *시가서*는 기독교에서 경건과 지혜의 문학이라고 하는데, 욥기, 시편, 잠언, 전도서, 아가서가 있다.

외경

헬라어로 번역한 구약성경을 *70인역*(Septuagint)이라고 한다. 유대 전승에 의하면, 72명의 장로들(열두 지파에서 여섯 명씩)이 대략 기원전 250년경에 이집트 알렉산드리아(Alexandria)에 가서 히브리어 성경을 헬라어로 번역하여 팔레스타인 지방에 살지 않는 유대인들도 성경을 읽을 수 있게 하였다. (*Septuagint*는 70을 뜻하는 라틴어 *septuaginta*에서 유래했는데, 72명의 번역자를 어림한 숫자이다.) 70인역에는 히브리어 성경에는 있지 않은 토비트서, 유딧서, 마카비1, 2서, 바룩서와 같은 책이 15권 포함되어 있다. 405년에 제롬(Jerome)이 히브리어 성경을 라틴어로 번역하면서 이 중 일부를 포함시키고 히브리어 정경과 같은 수준에서 고려되어서는 안 된다는 공동작업자 랍비의 주의 사항도 넣었다. 오랜 기간 동안 교회는 *제 2의 정경*(Deuterocanonical) 책들을 인정했고, 가톨릭교회는 트렌트공의회(Council of Trent; 1545~1563년)에서 이 책들에 대해 히브리어 정경에 있는 다른 책들과 동등한 지위를 인정했다.

그러나 마틴 루터(Martin Luther)와 종교개혁자들은 성경을 독일어와 다른 언어로 번역했을 때, 이 책들을 생략하거나 출처나 진위가 의심스럽다는 의미를 지닌 그리스 단어에서 유래한 *외경*(外經: Apocrypha)이라는 개별 항목에 모아 두었다. 히브리어 정경에는 없었다는 것이 그 이유였다.

마카비1, 2서와 같은 외경들은 신약과 구약 사이의 시대를 조명해 준다. 다른 외경들은 히브리어 성경에는 가볍게 암시된 사후 세계에 대한 유대 사상의 발전을 보여 준다.

신약 정경

신약은 27권으로 이루어져 있고, 구약처럼 네 부분으로 나누어진다.

- 마태, 마가, 누가, 요한 *사복음서*는 예수님의 생애, 죽음, 부활, 약속을 증거하는 기록이다.
- *사도행전*은 예루살렘에 있었던 초대 교회 이야기와 기원후 30년에서 60년 사이에 있었던 사도 바울의 전도 여행과 로마

여행을 다루고 있다.

- *서신서*는 사도 바울이 교회에 쓴 아홉 개의 편지 (로마서, 고린도전후서, 갈라디아서, 에베소서, 빌립보서, 골로새서, 데살로니가전후서), 네 통의 개인 편지 (디모데전후서, 디도서, 빌레몬서), 저자가 알려지지 않은 히브리서, 그리고 일곱 통의 공동서신(야고보서, 베드로전후서, 요한1, 2, 3서, 유다서)으로 이루어져 있다.
- *계시록*은 하나님의 주권과 악의 세력을 짓밟고 다가올 하나님의 승리에 관한 사도 요한의 묵시적 비전을 담고 있다.

신약서들: 순서, 인정, 진실성

구약은 비교적 연대기 순으로 구성되어 있다. 그러나 신약은 그렇지 않다. 60년대 중반에 로마에서 순교한 바울은 어느 사복음서보다도 먼저 자신의 모든 서신들을 썼다. 첫 번째 복음서는 많은 학자들이 추정하기로 70년경에 쓰여졌다. 또한 사도 바울의 서신들은 바울의 전도 여행기를 서술한 사도행전보다도 먼저 쓰여졌다. 게다가, 사도 바울의 서신들은 시간 순서가 아니라 길이에 따라 배열된다. 바울의 편지 중에 가장 긴 로마서가 제일 앞에 나오는데, 사실 로마서는 후반기에 쓴 것이다. 복음서 중에서 맨 앞에 놓이는 영광을 얻은 것은 마태복음이지만, 오늘날 대부분의 학자들은 마가복음이 최초로 쓰여진 복음서라고 믿는다.

신약 정경으로 인정받았던 원칙은 세 가지가 있다. 첫째, 저자가 사도이거나, 베드로와 함께 사역한 마가나 바울과 함께 사역한 누가처럼 사도의 제자이어야 한다. 둘째, 교회의 전반적인 가르침과 일치되어야 한다. 셋째, 전(全) 교회적으로 기꺼이 인정받고 사용되어야 한다.

그리스도인들이 신약을 믿고 신뢰하는 데는 그만한 이유가 있다. 5천 개 이상의 헬라어 사본이 발견되어 분류되었는데, 그 중에는 1944년에 시내산에서 발견되어 현재 런던 대영박물관에 보관되어 있는 *시내사본*(Codex Sinaiticus)과 로마 바티칸도서관에 보관되어 있는 *바티칸사본*(Codex Vaticanus)처럼 300년대 중반부터 내려오는 완벽한 사본도 있다. 또한 신약의 책들은 예수님이 죽으신 후 한두 세대 이내에 쓰여졌다. 이것은 고대 플라톤(Plato), 아리스토텔레스(Aristotle), 줄리어스 가이사(Julius Caesar) 등의 글들이 많지 않으면서도 뒤늦게 만들어진 것과 대조된다. 그러나 학자들은 보편적으로 그 글들이 진짜라고 인정한다. 영국 학자 존 로빈슨(John A. T. Robinson)은 그의 저서 「우리는 신약을 믿을 수 있는가?」(Can We Trust the New Testament?)에서 신약을 "고대에 기록된 그 어떤 것보다 가장 잘 입증된 본문"이라고 말한다.

복음서: 신약의 중심

신약의 중심 이야기는 나사렛 예수의 대중 사역, 구원을 위한 죽음, 육신의 부활이다. 이 이야기는 사복음서에 다 있다. 왜 복음서가 한 권이 아니라 네 권인지 묻는 사람도 있고, 베드로복음, 도마복음, 빌립복음과 같이 신약에 들어가지 못한 "복음서"들이 있기 때문에 왜 복음서가 *단지* 네 권뿐인지 묻는 사람들도 있다. 왜 단지 네 권뿐인가라는 질문에 대해서는, 정경에 포함되지 못한

복음서들은 초대 교회 교부들이 판단하기에 출처가 사도적이지 못했거나, 전반적으로 교회의 인정을 받지 못했기 때문이다.

왜 한 권이 아니라 네 권의 복음서인가에 관한 질문에 대해서는, 한 권의 복음서나 2세기 후반에 나타나서 수년 동안 인기가 좋았던 타티안(Tatian)의 「공관복음서」(Diatessaron)보다는 네 권의 복음서 전부가 예수님을 더 깊고 풍부하게 이해하는 데 도움이 될 것이라고 교부들이 생각했기 때문이다. 타티안이 혼합복음서를 만들기 위한 기반으로 정경에 있는 네 권의 복음서를 선택했다는 사실은 그 당시 널리 퍼지기 시작했던 다른 어떤 복음서보다 마태복음, 마가복음, 누가복음, 요한복음이 널리 인정받고 있다는 것을 입증한다.

성경의 주제

대다수의 학자들은 성경이 전체적으로 통일된 주제를 갖고 있다고 믿는다. 어떤 사람들은 하나님께서 이스라엘과 맺으신 언약들 그리고 예수님을 통하여 온 인류에게 주신 언약들이 주제라고 말한다. 어떤 사람들은 지속적이고 점진적인 하나님의 계시로 모든 사람들이 진리를 알게 되고 구원을 얻게 될 *구원의 역사*라고 말한다. 또 *약속과 성취*가 주제라고 말하는 사람들도 있다—하나님은 다윗에게 그의 자손에서 한 사람이 나와 "네 위가 영원히 견고하리라"(삼하 7:16)고 약속하셨고, 다윗의 혈통에서 천사 가브리엘이 마리아에게 말한 "그 조상 다윗의 위"(눅 1:32)를 이어받으실 예수님이 태어나셔서 이 약속을 성취하셨다.

기독교의 중심 진리는 예수님이 육신으로 나신 하나님이시며, 우리가 하나님과 직접 관계를 맺도록 대신 죽으셨고, 죽으셨다가 살아나셔서 구원의 사명을 감당하셨다는 것이다. 예수님이 죽음에서 살아나셨다는 다른 증거들이 있는가? 가장 확실한 증거는 믿음을 위해 순교한 사람들의 증거이다. 왜 이것이 증거인가? 폴 리틀(Paul Little)이 그의 저서 「당신이 믿는 것을 알라」(Know What You Believe)에서 말했듯이, "사람들은 자신들이 *믿는* 것이 진리이기 때문에 죽으려고 한다. 그들이 알고 있는 것이 *거짓*이기 때문에 [로마에서 베드로나 바울이 그랬듯이 또 전 로마 제국에서 다른 사람들이 그랬듯이] 기꺼이 죽는 사람은 없다"

넬슨(Nelson) 제독은 1798년 나일강 전투에서 프랑스 함대를 격파했을 때, *승리*라는 말은 실제 일어난 일을 말하기에는 턱없이 부족하다고 영국 해군에게 말했다. 부활주일 아침에 예수님이 죽음을 이기셔서 우리가 죽지 않고 영원한 생명을 얻게 되었다는 것을 말할 때, *승리*는 실제 일어난 일을 말하기에는 턱없이 부족하다.

성경의 번역본들

예수님 시대에 성경은 예수님이 나사렛 회당에서 읽으셨던 이사야의 글처럼 두루마리였다 (눅 4:17~21). 성경은 나일 강변에서 자랐던 식물인 파피루스에 기록되다가, 나중에는 염소나 양의 가죽으로 만든 양피지에 기록되었고, 마지막에 종이로 만들어졌다. 2세기에 성경은 책자로 제작되었다. 1456년 요한 구텐베르크(Johann Gutenberg)가 인쇄기를 발명하면서 성경은 필사본에서 가동성 있는 형태로 바뀌었다.

초기의 성경은 헬라어로 쓰여졌다. 교회가 서쪽으로 진출하면서 믿을만한 라틴어 번역본이 필요했다. 당시 가장 뛰어난 언어학자 제롬이 405년에 라틴어 번역본을 완성했다. 제롬의 성경은 *불가타역*(Vulgate)이라고 불리게 되었는데, 불가타는 "일반" 혹은 "일상" 언어라는 뜻의 라틴어이다. 최초의 영어 번역본은 1382년 존 위클리프(John Wycliffe)가 완성했다. 영국의 제임스 왕(1603~1625년 제위)이 인정한 1611년의 흠정역(欽定譯, King James Bible)은 20세기까지 영어를 사용하는 곳에서는 유일무이한 개신교 성경이 되었고, 오늘날에도 여전히 널리 사용되고 있다. 20세기에 백 개도 넘는 영어 번역본이 쏟아져 나왔다. 사해사본(Dead Sea Scrolls)과 같은 고고학 유물들에서 1세기 이스라엘에 관한 새로운 정보들이 발견되었고, *시내사본*과 같이 번역하기에 더 좋은 사본들이 발견되었으며, 성경에서 사용되는 고어들을 새롭게 번역하고 포괄적인 성(性) 인식을 재고할 필요가 있었기 때문이었다.

성경 읽기

다음 항목들은 성경을 읽는 데 "도움"을 줄 것이다.

• 성경은 *열린 마음*과 하나님께서 말씀을 통해 우리에게 *말씀하실 것*이라는 관점과 기대를 가지고 읽어야 한다. 성경은 하나님이 우리에게 거시는 "전화선"이라는 말도 있다.

- 성경은 창세기부터 계시록까지 *하나의 연속적인 이야기*이다. 성경적인 구원에 대한 이야기는 하나님께서 아브라함을 부르시고 모세와 다윗에게 언약을 주심으로 시작된다. 그리고 예수님의 죽음과 부활로 성취된다.

- 성경은 수천 년 전에 기록되었고, *이해하기 어려운* 부분들도 있다. 그러나 실망하지 말라. 어떤 사람이 구세군 창설자인 윌리엄 부스(William Booth)에게 성경에서 이해할 수 없는 부분이 나오면 어떻게 하냐고 물었다. 그는 이렇게 대답했다, "생선을 먹을 때처럼 합니다. 뼈는 접시 한 쪽에 밀어내고 맛있는 살을 먹지요."

- 성경은 솔직하고 자연스러운 정서를 가지고 문자대로만 해석하는 극단적인 자세를 배제하면서 읽어야 한다. 또한 성경은 실제로 역사서(사무엘상하, 열왕기상하, 역대상하, 사도행전)와 예언과 시(시편)와 지혜문학서(잠언과 야고보서)와 수많은 서신서들이 함께 있는 "도서관"임을 염두에 두라.

- 성경은 *자체 주석*이 있다. 신약이 구약을 해석한다. 예수님이 마가복음 7장 19절에서 "모든 식물을 깨끗하다"고 하셨을 때 레위기 11장에 나오는 정하고 부정한 음식에 관한 율법을 폐하셨다.

가장 많이 사용되는 다섯 가지 영어 성경 번역본

New Revised Standard Version(NRSV, 1989)은 많은 사람들이 생각하기에 헬라어 원본에 가장 충실한 번역본이다. 서문에서 "가능

한 원문에 충실하고 필요한 만큼만 자유로운" 번역본이라고 말하고 있다. *Today's English Version*(TEV, 1976)이나 *Good News Bible* 혹은 *Good News Translation*(1992)은 축어역이 아니라 초등학생 고학년 수준에 맞추어 풀어 쓴 것이다. *New International Version*(NIV, 1984)은 가장 많이 팔리는 성경이며, 보수적이고, 복음주의자들이 널리 사용한다. *New Living Translation*(NLT, 1996)은 청소년 수준으로 의역하여 인기가 많다. *The Message*(2002)는 오늘날의 단어와 영어를 사용해서 현대적으로 풀어 쓴 것이다.

히브리어 성경

하나님은 시내산에서 이스라엘 백성과 언약을 맺으셨다. 그리스도인들은 하나님께서 *새* 언약을 약속하셨고, 그 언약을 예수님이 최후의 만찬에서 세우셨다고 믿기 때문에, 하나님께서 이스라엘과 맺으신 언약을 *옛* 언약이라고 생각해 왔다. 만약 하나님께서 새 언약을 주셨다면 굳이 구약을 읽으려고 애쓸 필요가 있을까 질문하는 사람들이 있다. 그 이유는 예수님이 하나님께서 이스라엘에게 주신 약속을 성취하려고 오셨고, 그 약속이 구약에 기록되었기 때문이다. 하나님의 구원 계획은 예수님이 베들레헴에서 태어나심으로 시작된 것이 아니다. 2천년 전에 메소포타미아의 도시 우르에서 아브라함을 불러내시면서 시작되었다.

모세오경: 창조, 타락, 선택, 언약

이스라엘이 민족을 이루는 이야기는 성경의 맨 처음 다섯 권에 있다. 유대인의 성경에서는 *토라*라고 하며, 히브리어 *토라* (tora)에서 유래되었고, "교훈"이라는 뜻이다. 개신교 구약성경에 서는 모세오경(Pentateuch)이라고 부르는데, 헬라어 *펜타*(penta: "다 섯")와 *튜코스*(teukḥos: "두루마리")에서 나온 말이다. 모세오경에는 이스라엘의 가장 중요하고도 성스러운 글이 담겨 있다. 하나님 께서 이스라엘을 자신의 백성으로 *선택*하셨고 (아브라함에게 주신 언약), 이스라엘 조상들과 지도자들(아브라함, 야곱, 요셉, 모세)에게 말씀하셨으며, 이스라엘 백성을 애굽의 속박에서 *구원*하셨고 (출 애굽), 이스라엘과 새 언약을 맺으셨다 (모세 언약). 모세오경은 유 대교 예배의 중심이며, 전례(典禮)마다 전 회중 앞에서 큰 소리로 낭독된다. 모세오경은 다음과 같다.

- **창세기:** 우주, 땅, 채소, 생물, 인간의 창조; 아담과 하와, 가인 과 아벨, 노아와 홍수, 바벨탑 이야기; 아브라함을 새 땅으로 가라고 부르심; 아브라함, 이삭, 야곱, 요셉의 이야기.
- **출애굽기:** 이스라엘이 애굽에서 종살이함; 모세의 출생과 부 르심; 열 가지 재앙; 출애굽; 시내산에서 이스라엘에게 언약 을 주심; 그리고 십계명.
- **레위기:** 제사와 관련된 율법; 정한 *음식*(코쉐르: kosher)과 부 정한 음식; 질병, 성 관계, 정결함; *속죄일*(욤 키퍼: Yom Kippur), 이스라엘의 성일 (유대교의 "성 금요일").
- **민수기:** 인구 조사, 이스라엘 열두 지파를 하나의 민족 공동 체로 구성; 아브라함의 후손들에게 약속하신 땅 가나안을 취하라는 하나님의 명령; 불순종의 대가로 이스라엘이 시내

광야에서 40년간 유랑.

- **신명기:** 이스라엘 민족의 두 *번째*(deutero) 이야기; *쉐마*(Shema)
  —이스라엘의 믿음의 위대한 고백: "이스라엘아, 들으라. 우
  리 하나님 여호와는 오직 하나인 여호와시니" (6:4); 여호수아
  의 지도력 아래 가나안을 치기 전에 모세가 열두 지파에게
  주는 가르침; 그리고 모세의 죽음.

서막

창세기 1장에서 11장까지는 타락의 이야기이다—아담과 하와
가 에덴동산에서 불순종하고, 가인이 아벨을 죽이고, 하나님이
사람을 지으셨음을 한탄하시고, 대홍수가 일어나고, 바벨탑을 쌓
는 이야기이다. 이것은 또한 "왜 하나님이 아브라함을 부르셨는
가?"라는 질문에 대한 답이기도 하다. 하나님은 인류를 구원하시
기 위한 위대한 계획의 첫 걸음으로써 아브라함을 부르셨다. 왜
*아브라함*인가? 후대 랍비 문학에 따르면, 하나님께서 많은 사람
들을 부르셨는데, 응답한 사람은 아브라함뿐이었다. 구원을 위한
하나님의 구원 계획의 실현은 창세기 12장에서 시작되어 나머지
구약을 전체를 걸쳐 신약의 끝까지 계속된다.

아브라함: 믿음의 조상

성경에서 구원의 이야기는 아브라함을 "부르심"으로 시작한다
(창 12:1). 아브라함의 후손들은 하나님의 복을 "땅의 모든 가계(家

系)들에게" 주게 되었다 (창 12:3). 아브라함의 아내 사라는 나이가 많고 불임 상태이지만 하나님의 은혜를 입어 아들을 낳으니 그 이름이 이삭이다. 하나님이 아브라함의 믿음과 순종을 시험하고 자 이삭을 제물로 바치라고 명령하신다 (창 22장). 아브라함은 믿 음대로 순종했고, 하나님은 아들을 대신하여 희생제물로 쓸 어린 양을 주신다. 이삭은 쌍둥이 아들인 에서와 야곱을 낳는다. 야곱 의 이름은 하나님의 사자를 통해 이스라엘로 바뀌어진다 (창 32:28). 야곱의 "아들들"은 이스라엘의 열두 지파가 된다. 야곱이 사랑하는 아들 요셉은 시기심 많은 형제들 때문에 노예로 팔리 지만, 나중에 애굽의 총리가 된다. 가나안에 흉년이 들자, 야곱과 그의 가족은 애굽으로 가고 요셉의 도움으로 애굽 북쪽의 고센 땅에 정착한다.

모세: 출애굽의 인도자 및 율법 선포자

아브라함 이후 약 600년 동안 이스라엘 민족은 애굽에서 노예 로 살게 된다. 하나님은 그들의 절규를 들으시고 모세를 "불타는 떨기나무"(불에 타고 있었지만 연소되지 않는 떨기나무)에서 불러 이스 라엘 민족을 애굽에서 인도하여 나오게 하신다. 출애굽—이스라 엘이 애굽의 노예 생활에서 구원받음 (기원전 1290년)—은 이스라 엘 역사에서 가장 중요한 사건이다. 출애굽 이야기는 매년 유월 절에 되풀이된다. 죽음의 사자가 애굽의 장자는 치고 갔지만, 이 스라엘 가정은 그냥 *넘어간* (유월) 이야기이다 (출 11~12장). 모세 는 이스라엘 백성을 인도하여 애굽을 나와 시내반도를 가로질러 시내산까지 갔다. 거기서 하나님은 이스라엘과 언약을 맺으셨고 (출 19:3~6) 모세에게 십계명을 주셨다.

하나님은 모세에게 "부르심"을 준비시키셨다. 첫째, 그는 어린 시절을 어머니와 같이 보냈다. 그의 모친은 기적적으로 바로의 딸에게 고용되어 자신의 아이를 보살피고 키우게 되었다. 그녀는 모세에게 유대인의 혈통을 각인시켰다. 둘째, 바로의 궁전에서 받은 교육은 그가 하나님의 부르심에 순종하여 바로를 대적하게 된 준비였다. 셋째, 시내반도 남동쪽 미디안 광야에서 보낸 시간들 덕분에 그는 이스라엘 백성을 이끌고, 시내산 광야를 통과하여 하나님의 율법과 계명을 받았다. 신약은 예수님의 제자들이 부활하신 그리스도를 경험하고 나서 쓰여졌다고 말한다. 다시 말해서, 십자가를 경험한 후이다. 구약에 대해서도 동일하게 말할 수 있을 것이다. 이스라엘 백성들이 아브라함, 이삭, 야곱의 하나님을 경험하고 나서 쓰여진 것이다. 다시 말해서, 홍해를 경험한 후이다.

역사서: 이스라엘의 흥망성쇠

역사서는 기원전 13세기에 가나안에 들어간 후부터 기원전 5세기에 바벨론 포로에서 돌아와 유대인의 삶을 재건할 때까지 약속의 땅에서 이스라엘 백성의 역사를 그리고 있다. 왜 *가나안* 땅인가? 아마도 가나안이 세계의 교차점—아시아, 유럽, 아프리카 사이에 위치—이기 때문에 이스라엘이 하나님의 "이방의 빛" (사 42:6)이 될 수 있었기 때문일 것이다.

- **여호수아와 사사기.** 가나안에서 이스라엘의 역사는 여호수아가 이끄는 정복으로 시작한다. 기원전 1250년경에 이스라엘 민족은 가나안의 중심 요새에 발판을 구축했다. 이스라엘 민족이 땅을 정복하는 이야기는 이후 200년간 계속되고, 그 기간이 사사 시대이다. (이스라엘은 다윗이 다스리기 전까지 약속의 땅 전부를 손에 넣지 못했다.) "사사들"은 드보라, 기드온, 삼손과 같은 카리스마적인 지도자들로서, 적대적인 이웃 부족의 공격을 받았을 때 이스라엘을 이끌도록 하나님이 세우셨다.

- **통일왕국과 분열왕국.** 이스라엘 백성들이 적들에게 대항하여 자신들을 이끌어 줄 왕을 원했다 (삼상 8:19~20). 사울이 이스라엘의 첫 번째 왕이었다 (기원전 1020~1000년). 그 뒤를 이어 왕이 된 다윗(기원전 1000~961년)은 이스라엘의 가장 위대한 왕이었다. 하나님은 나단 선지자를 통해 다윗에게 언약을 주시면서, 다윗의 후손이 영원히 견고할 나라를 다스릴 것이라고 말씀하셨다 (삼하 7:12~16). 누가복음에서 천사 가브리엘은 마리아에게 그녀의 아들이 "그 조상 다윗의 위를" 물려받고, "그 나라가 무궁하리라"고 말했다 (눅 1:32~33). 다윗의 왕위를 물려받은 아들 솔로몬(기원전 960~922년)은 정치적인 목적 때문에 유대인이 아닌 이방 여인들과 결혼했고, "여호와의 눈 앞에서 악을 행하였다" (왕상 11:6). 솔로몬이 죽고 나서 통일왕국은 두 개로 갈라졌다. 북쪽의 열 지파는 이스라엘 왕국이 되었고, 남쪽 두 지파(유다와 베냐민)는 유다 왕국이 되었다. 이스라엘은 기원전 722년에 앗수르에게 멸

망당했고, 유다는 기원전 587년에 바벨론에게 멸망당했다. 그 이후 이스라엘과 유다는 더 이상 분리된 국가로 존재하지 않았다.

- **바벨론 포로 생활.** 예루살렘과 솔로몬 성전이 파괴된 후에 바벨론 사람들은 이스라엘의 지도층을 사슬에 묶어 바벨론으로 끌고 갔다. 바벨론 포로 생활은 이스라엘의 믿음을 혹독하게 시험했다. 사람들은 *도대체 이것이 무슨 일인가*라는 의문을 가졌다. 이스라엘 백성들이 시내산에서 주신 언약을 지키지 않고 "정의와 의"의 사람으로 살지 않으면, 하나님께서 심판하시고 벌하실 것을 이야기한 선지자들이 예언한 그대로였다. 기원전 539년에 바사(페르시아)가 바벨론을 멸망시켰다. 바사 왕 고레스는 유대인들(남겨진 지파, 유다 사람들)이 고향으로 돌아갈 수 있도록 칙령을 내렸다. 돌아온 소수의 포로들은 폐허가 된 유다를 목도했다. 그래서 느헤미야 같은 사람이 예루살렘 성벽을 재건하고, 에스라 같은 사람이 유대의 종교 생활을 다시 시행하여, 귀환한 사람들의 믿음을 견고히 하고 약속의 땅에 정착하기 시작했다.

선지자들의 소리와 메시지

통일왕국과 분열왕국 시기에 이스라엘은 믿음이 사라지고 불순종하게 되었다. 하나님은 선지자들을 부르셔서 이스라엘에게 모세와 맺은 언약으로 돌아오라고 권고하시고, 그들이 거역할 때 맞이할 끔찍한 결과를 예언하게 하셨다. 선지자는 "타인을 대변하는 사람"이라는 뜻의 헬라어에서 유래했고, 하나님의 부르심을 받아 그의 말씀("그러므로 주 여호와가 가라사대")을 대변하는 자들을 가리킨다. 선지자들은 하나님이 이스라엘에게 주신 언약에 특별한 관심이 있었다. 그들은 왕정시대에 나타났다가 왕국이 멸망하고 포로 생활 때 사라졌다.

구약에는 두 종류의 선지자가 있다. 나단, 엘리야, 엘리사 같은 선지자들은 그들의 삶이나 언행이 성경의 이야기가 되었다. 사람들을 *회술 또는 설화* 선지자라고 한다. 선지자들의 말을 제자들이 기록하거나 수집하여 기억되고 전해질 때 그들을 *저술 또는 언약* 선지자라고 한다. 우리는 종종 선지자를 미래를 예언하는 사람으로 생각하지만, 선지자들이 이스라엘에게 한 선포 중에 미래 예언은 아주 일부에 불과한 약 10%정도이다. 선지자들의 목적은 이스라엘 민족에게 일상생활에서 모세의 언약으로 돌아오라고 외치는 것이었다.

엘리야는 설화 선지자들 중에 가장 중요한 인물이다. 말라기 3장 1절과 4장 5절을 보면, 기원전 800년경에 회리바람을 타고 승천한 엘리야(왕하 2:11)가 메시야의 출현을 알리기 위해 다시 돌아온다고 했다. 예수님은 세례 요한이 메시야의 길을 예비하기 위해 보내진 "엘리야 같은 인물"로 보신다 (마 17:12~13, 눅 7:24~28). 아모스는 이스라엘이 가난한 자들을 압제하는 것과 형식에만 치우쳐 예배하는 것을 소리 높여 비판했다. 그는 소선지자들 중에 가장 위대하다고 여겨진다. 이사야는 신약에서 가장 자주 인용된 선지자이다. 이사야서는 신약에서 메시야와 관련해 해석하는 예언을 담고 있다. 하나님의 보내심을 받은 자가 "처녀"의 몸에서

날 것이다 (사 7:14, 마 1:23). 주 여호와의 신이 메시야에게 임하사 "가난한 자에게 아름다운 소식을 전하게 하셨다" (사 61:1, 눅 4:17~19). 그는 "많은 사람의 죄를" 지는 고난받는 종으로 올 것이다 (사 53:12, 막 10:45). 예레미야는 새 언약의 선지자이며 (렘 31:31), 이 언약은 예수님이 최후의 만찬 때 세우셨다.

시가서

구약의 나머지 다섯 책은 지혜와 경건의 문학들이다. 그 중에 시편과 잠언은 한 저자가 쓴 것이 아니며, 노래들과 어록을 모은 것이다. 욥기는 다섯 권 중에 맨 처음 나오는데, 다른 네 권보다 배경이 더 앞서기 때문이다. 그 다음에 나오는 시편과 잠언의 순서 역시 시편에 주로 나오는 다윗이 지혜서에 주로 등장하는 솔로몬보다 먼저 살았기 때문이다. 다른 두 책은 오직 하나님 안에서만 인생의 의미를 찾을 수 있다고 심사숙고한 노인이 저술한 전도서와 우의적인 사랑의 노래 아가서이다.

- **시편.** 구약의 다른 책들과 대조적으로 시편은 하나님이 이스라엘에게 말씀하시는 것이 아니라 이스라엘이 하나님께 말씀드리는 것이다. 시편은 연대를 추정하기가 어려운데, 시편과 관련된 이스라엘 역사 속의 사건들을 거의 다루지 않기 때문이다. 추정 연대는 대략 통일왕국에서 바벨론의 포로 생활까지이다. 시편 중에서 73편이 다윗의 시라고 적혀 있지만, 다윗의 시는 다윗을 위한 시이거나 다윗에게 헌정

된 시일 수도 있다. 시편의 독특한 점은, 물론 잠언에서도 볼 수 있지만, 둘째 줄이 첫째 줄을 강조하는 대구법(對句法)과 사고의 운율(韻律)에 있다. 시편은 성경에서 가장 길고, 신약에서 가장 자주 인용되며, 교회에서 예배 때 교독문으로 사용되고, 개인 기도에도 널리 사용된다.

- **잠언**. 잠언은 이 세상에서 어떻게 살 것인가, 심지어 21세기 세상에서 어떻게 살 것인가에 대해 놀라운 충고를 담고 있으며, 모두 500개 이상의 어록이 있다. 이 책의 저자를 솔로몬이라고 하지만 (1:1), 많은 학자들은 작자 미상이라고 생각한다. 개개의 잠언들은 지혜, 수고, 정직, 절제, 성적인 유혹과 여러 문제들을 다루고 있다.

- **욥기**. 욥기는 하나님을 경외했던 지혜롭고 의로운 사람이 모든 것—가축, 자식들, 심지어 건강까지 (그는 고통스러운 악창으로 괴로워했다)—을 잃어버리는 이야기이다. 욥기는 고통에 관한 질문에 대하여 신학적으로 논의한 것이다. 하나님이 전능하시고 사랑이시라면 왜 의인들이 고통받는가? 왜 어떤 사람들은 다른 사람들보다 더 고통받는가? 하나님은 대답을 간구하는 욥의 탄원에 응답하지 않으신다. 도리어 욥에게 질문하신다: "내가 땅의 기초를 놓을 때에 네가 어디 있었느냐?" (38:4) 자신의 개인적인 불행을 심사숙고한 욥은 "내가 모태에서 적신이 나왔사온즉...주신 자도 여호와시요 취하신 자도 여호와시오니, 여호와의 이름이 찬송을 받으실지니이다"(1:21)라고 말한다.

현대 유대교

오늘날 전 세계에 1400만 명의 유대인이 있다. 그 중에 30%는 이스라엘에, 40%는 미국에 살고 있다. *정통파* 유대교는 제일 숫자가 적고 가장 율법적이다. 이스라엘 정부가 인정한 유일한 형태의 유대교이다. *개혁파* 유대교는 1800년대 초기에 독일에서 시작되었다. 사람들은 유대교를 개혁해서 사회의 주류로 들어가려고 했다. *보수파* 유대교는 정통파 유대교의 율법주의와 개혁파 유대교의 자유주의 사이의 노선을 걷고 있다.

유대교와 기독교는 유사한 믿음이 많다. 둘 다 주권적인 최고의 하나님을 믿는다. 성경 중심주의와 성경의 권위를 믿는다. 사후 세계도 믿는다. 주요한 차이점은 다음과 같다: 첫째, 유대교는 하나님께서 어떤 사람을 통해서가 아니라 토라를 통해 자신을 드러내신다고 믿는다. 둘째, 유대교는 하나님을 순수한 영으로 간주하므로 성육신을 배제한다. 셋째, 유대교는 하나님을 삼위일체가 아닌 유일신으로 믿는다. 넷째, 유대교는 원죄의 교리가 없다. 남자와 여자는 선과 악을 행하는 경향은 있지만, 내재적으로 죄가 있지는 않다. 다섯째, 유대교는 예수님의 대속의 죽음이 아니라, 의롭게 살고 모세의 언약을 철저히 지킴으로써 구원이 온다고 믿는다.

예수님의 세계, 생애, 사역

구약은 결말을 추구하는 이야기이다. 그 결말은 나사렛 예수의 죽음과 부활로 온다. 사람들은 많은 것이 없어도 그럭저럭 살아왔지만, 예수님 없이는 그렇지 않다. 그분은 중요한 인물로 남아 있다. 종종 잘못 이해되기도 하고 때로 비난을 받기도 하지만, 항상 제 자리에 계신다. 우리는 예수님의 출생에 근거한 달력을 사용하고, 미술 작품이나 음악에서 그분의 흔적을 보고, 윤리, 도덕, 정의에 관하여 이야기할 때 그분의 가르침을 참고하기도 한다.

구약과 신약 사이의 시기

기원전 538년에 바벨론 포로 생활에서 돌아온 이후는 종교 역사에서 그늘에 가려진 시기이다. 예루살렘 성벽은 느헤미야의 지도하에 재건되었다. 적당한 성전이 세워졌다. 유대인의 종교 생활은 에스라를 통해 복원되었다. 히브리어 성경이 모아졌다. 기원전 332년에 알렉산더 대왕(Alexander the Great)이 팔레스타인을 침략하여 정복했다. 알렉산더는 헬라의 모든 것을 사랑했고, 자신이 승리한 곳은 어디든지 간에 헬라의 언어, 문화, 종교를 소개했다. 기원전 250년에 알렉산드리아(알렉산더의 이름을 따라 지어짐)에 살던 유대인들은 성경을 읽기 위해서 성경을 헬라어로 번역해야 했고 그 결과 70인역이 탄생했다.

알렉산더는 33세의 젊은 나이에 열병으로 죽었다. 그에게는 아들이 없었기 때문에 그의 제국은 장군들이 나누어 가졌다. 셀레우쿠스(Seleucus)가 시리아와 팔레스타인의 통치자가 되었다. 기원전 167년에 시리아의 왕 안티오쿠스 4세(Antiochus IV)는 유대교를 근절시키려고 했고, 이 때문에 유다(Judas)가 인도하는 반란이 일어났다. 그의 별명이 *매카비*(Maccabee: "망치")였다. 매카비가(家)는 기원전 164년 12월에 시리아를 물리치고 성전을 깨끗하게 하였다. 유대인들은 아직도 이 사건을 *하누카*(Hanukkah: "헌당")로 기리고 있다. 이 때 유대인들은 영토를 되찾았지만, 기원전 63년에 로마는 팔레스타인을 침략하여 지중해 주변의 통제권을 강화하였다. 이로써 로마는 애굽에서 로마까지 겨울에 음식을 수송하는 안전로를 확보했다. 예수님은 아우구스투스(Augustus) 제위 기간(기원전 27년~기원후 14년)에 태어났다. 역사가들은 아우구스투스를 로마의 가장 위대한 황제로 인정한다. 예수님은 티베리우스(Tiberius) 제위 기간(기원후 14~37년)에 죽으셨다.

헤롯의 가계

헤롯 가계(家系)의 시조는 안티파테르(Antipater)이다. 그는 줄리어스 가이사가 애굽에서 종군할 때(기원전 48~47년) 부관이었다. 가이사는 안티파테르에게는 유대의 통치권을 주고, 유대인들에게는 군역 의무의 면제와 유대교의 하나님을 예배할 자유를 주었다. 기원전 37년에 로마 제국의 동쪽 절반을 통치하던 마르크 안토니우스(Marc Antony)는 안티파테르의 아들 헤롯을 유대인의 왕으로 삼았다. 건축물 때문에 로마인들에 의해 (유대인들은 *아니다*) 그를 "대왕"이라고 불렀다. 그는 솔로몬의 성전을 꾸미고, 지중해변에 가이사랴 도시를 건설하고, 예수님이 채찍질 당하신 안토니아 요새, 세례 요한이 목 베임을 당한 마카에루스(Machaerus), 사해 근처의 마사다(Masada) 같은 왕궁 요새들을 건축했다. 헤롯은 이스라엘을 기원전 37년부터 4년까지 다스렸다. 우리가 그를 어떻게 생각하든지 간에, 로마가 그를 제거하지 않은 것으로 보아 그는 유능한 행정관이었음이 틀림없다.

헤롯이 죽고 나서 제국은 그의 세 아들들이 나누어 가졌다. 아켈라우스(Archelaus)는 아버지를 닮아 사악하고 억누르는 통치자였다. 기원후 6년에 유대인들은 로마에 아켈라우스를 탄원하는 대표단을 파견했고, 그는 제거되었다. 그 후에 유대와 사마리아는 로마가 지명한 총독 본디오 빌라도(Pontius Pilate)가 26년부터 36년까지 다스렸다. 세례 요한을 목 베었던 헤롯 안티파스(Herod Antipas)는 39년에 제거될 때까지 갈릴리와 베뢰아를 다스렸다. 분봉 왕이었던 빌립(Philip)은 34년에 죽을 때까지 북동 지역을 다스렸다. 헤롯

대왕의 손자 헤롯 아그립바 1세(Herod Agrippa I)는 41년부터 44년까지 이스라엘 전체를 다스렸다. 그의 아들, 헤롯 아그립바 2세(Herod Agrippa II)는 헤롯 가계의 마지막 통치자로서 93년에 죽었다.

유대의 정치 및 종교 공동체들

1세기에 대다수의 유대인들은 남쪽 유대에 살았다. 예수님이 사셨던 갈릴리는 이방인이 많았다. 예루살렘에 거주했던 사두개인들은 지배 계급이었다. 바리새인들은 서기관들과 함께 이스라엘의 "종교인들"이었다. 에세네파는 쿰란(Qumran: 유대교의 "수도승들")과 같은 유사 수도원 공동체에서 살았다. 이들의 사해사본이 1947년 베두인 목동에 의해 발견되었다. 열심당은 매카비의 "계승자"로서 이스라엘의 자유를 위해 싸웠다.

이들 중에 가장 중요한 집단은 사두개인과 바리새인이었다. 사두개인은 사제당으로 성전과 통치 위원회인 산헤드린(Sanhedrin)을 움직였다. 그들은 예수님을 로마의 압제를 무너뜨릴 폭동을 일으킬 수도 있는 위험 인물로 간주하여 죽음으로 몰아넣었다. 사두개인들은 성전과 연계되어 있었는데, 70년에 성전이 파괴되고 나서 자취를 감추었다.

바리새인들은 평신도이면서 근본주의자들이었고 소수였다 (1세기 당시 약 6천명). 그들은 학식과 독실함으로 큰 존경을 받았다. 바리새인들은 하나님을 영화롭게 하려면 율법을 지켜야 한다고 생각했다. 그래서 예수님이 율법을 지키지 않으신다고 느꼈을 때, 예를 들어, 죄인들과 함께 식사하시고, 부정한 자들을 고치시

고, 안식일을 어기셨을 때 예수님께 도전했다. 바리새인들은 성
전이 무너지고 나서 유대 공동체를 이끌었으며, 유대교 정경에
들어갈 책들을 선택했다.

예수님의 생애 개요

예수님은 기원전 6, 7년경에 태어나셨다 (다음에 다룰 예수님의
탄생 참조). 그리고 갈릴리 아래쪽에 있으며, 약 500명의 주민들이
거주하는 나사렛에서 33년간 사셨다. 그의 공생애를 간단히 살펴
보면 다음과 같다.

- 말라기에서 엘리야 같이 보내심을 받은 자라고 예언한 (말
  3:1, 4:5) 세례 요한이 27년에 예수님이 이스라엘이 오랫동안
  기다렸던 분이라고 "외치고", 요단강에서 예수님에게 세례
  를 준다. 예수님은 성령을 받으시고 (눅 3:21~22), 광야로 이끌
  리어 마귀에게 시험을 받으신다.
- 세례와 시험을 받으시고, 예수님은 갈릴리로 돌아와 선포하
  신다. "때가 찼고 하나님 나라가 가까웠으니, 회개하고 복음
  을 믿으라" (막 1:15).
- 예수님은 열두 명을 제자로 부르시고 사역을 시작하시는데,
  주로 갈릴리바다 북서쪽에 위치한 어촌이자 상업 중심지인
  가버나움과 그 주변을 다니셨다. 갈릴리는 예수님이 나사렛
  에서 쫓겨나신 후 고향이 되었던 곳이다 (눅 4:28~31). 무리들
  은 예수님의 가르침과 병고침에 놀랐지만, 그가 그토록 바

라던 메시야이신 것을 알아보지 못한다.

- 예수님이 죄인들(세리, 문둥병자, 귀신들린 자)과 어울리시고, 유대교 의식(식사 전에 씻고 금식하는 것)을 무시하시고, 안식일을 어겨 "일"을 하시자, 예수님과 종교 지도자들 사이에 갈등이 일어난다.

- 가이사랴 빌립보에서 예수님이 제자들에게 "너희는 나를 누구라 하느냐?"고 물으시자, 베드로는 "주는 그리스도시니이다"라고 대답한다 (막 8:29). 바른 대답이었지만, 분명히 그와 다른 제자들은 예수님의 사명이 고난과 죽음을 의미한다는 것을 이해하지 못한다. 그래서 그들은 예수님이 체포되자 예수님에게서 등을 돌린다. 예수님의 사명은 실패했고, 예수님처럼 자신들도 죽을 것이라고 생각한다.

- 예수님은 예루살렘으로 향하신다. 거기서 종교 지도자들과 논쟁하시고 그들에게 도전하신다. 가룻 유다의 배신으로 성전 군병들에게 잡혀 산헤드린과 본디오 빌라도에게 재판을 받으시고, 군사들에게 매 맞고 채찍질을 당하시고, 베드로는 그를 모른다고 부인한다. 예수님은 두 죄인 사이에서 십자가에 못 박히시고 죽으셔서 아리마대 요셉의 무덤에 묻히신다. 그리고 삼일 후에 죽음에서 다시 살아나 자신이 과거에도 그리고 *현재에도* 바로 하나님의 아들이셨음을 보여 주신다.

예수님의 탄생

사복음서는 예수님이 요단강에서 세례를 받으시고, 예루살렘에서 죽으셨다가 부활하시기까지 공생애를 다루고 있다. 마태복음과 누가복음은 탄생 이야기와 더불어 예수님의 *혈통*에 관하여 말하고 있다. 메시야는 "다윗의 자손"(삼하 7:12~16)이어야 하기 때문에 요셉이 다윗의 후손이라고 기록한다. *베들레헴*에서 예수님이 탄생하신 것은 미가서 5장 2절의 예언 성취를 보여 준다. 복음서는 예수님이 태초부터 하나님의 *성육신*("하나님이 인간의 몸이 되심")이셨음을 기록하면서 예수님의 잉태로 시작한다.

요셉과 마리아는 예수님의 부모였다. 요셉은 "법적으로" 아버지였고, 마리아는 낳아 준 어머니였다. 우리는 요셉에 대해 거의 모른다. 대부분의 학자들은 그가 예수님이 공생애를 시작하기 전에 죽었다고 생각한다. 우리는 마리아에 대해서도 많이 모른다. 그저 그녀가 어렸고, 처녀였으며, 엘리사벳의 사촌이었고, 하나님의 은총을 입었다는 것 정도로 알고 있다 (눅 1:28). 여하튼, 그녀는 틀림없이 놀라운 여성이었을 것이다. 요셉이 몇 살이었고, 그와 마리아가 언제 약혼했는지는 알 길이 없다. 그 당시 이스라엘의 결혼 풍습을 보면, 우리가 흔히 성화에서 보아왔던 마리아보다 훨씬 어린 열서너 살 소녀였을 것이다.

또한 우리는 예수님의 출생 연도를 확실히는 모른다. 아마도 기원전 4년에 헤롯이 죽기 2, 3년 전이었을 것이다. 마태복음을 보면 헤롯이 "베들레헴과 그 지경 안에 있는 사내아이를…두 살부터 그 아래로 다 죽이니"(마 2:16)라고 기록되었기 때문이다. 예수님이 탄생하신 날도 모른다. 고대 교회의 가장 큰 기념 행사는 예수님의 죽음과 부활(수난일과 부활절)이었지 탄생일이 아니었다. 우리가 성탄절("예수님의 미사")로 12월 25일에 기념하는 가상

의 탄생일은 336년 로마의 첫 번째 그리스도인 황제였던 콘스탄
틴(Constantine)이 제정한 것이다.

예수님의 세례, 시험, 제자들

27년 이전, 즉 예수님이 요단강에 나타나시기 이전을 예수님의
"은신기"라고 한다. 예수님이 공생애를 시작한 계기는 사촌인 요
한에게서 세례를 받은 것이다 (누가복음 1장 36절에 보면, 둘의 어머
니는 친척 간이다). 선지자 말라기가 "불병거"(왕하 2:11)를 타고 하늘
로 들려 올라간 엘리야가 주의 오심을 외치려고 돌아온다는 예
언을 했다. 정통파 유대인들은 아직도 이 일이 일어날 것이라고
믿고 있다. 그러나 복음서에서는 세례 요한이 오랫동안 고대하
던 메시야가 예수님이심을 외치는 엘리야 같은 인물로 그려진다.
마태복음에서 예수님은 제자들에게 "오리라 한 엘리야가 곧 이
사람이니라"고 말씀하신다 (마 11:14).

예수님이 세례를 받으시고 유다 광야로 나아가 마귀에게 시험
을 받으신다. 예수님은 혼자 광야로 가셨기 때문에, 시험에 관한
이야기는 후에 제자들이 복음서에 있는 다른 개인적인 내용과
함께 전해들은 것이 분명하다 (막 4:34 참조).

제자(disciple)는 "배우는 자"라는 의미에서 나온 것이다. 구약에
도 제자들은 있었다. 예를 들어, 이사야도 제자들이 있었다. 그러
나 이 단어는 신약에서 유명해졌고, 대개는 "열두 제자"를 말한
다. 베드로는 제자들의 대변인으로 가이사랴 빌립보에서 예수님
이 메시야이심을 고백한다 (막 8:29). 야고보와 요한도 눈에 띄는

데, 복음서와 사도행전에서 베드로와 함께 제자 중 "측근들"이다. 예수님의 제자들은 갈릴리 출신들이며, 대부분의 학자들이 남유다 출신이라고 생각하는 가룟 유다만 예외일 것이다. 예수님은 제자들을 자신을 따르는 많은 무리들 중에서 선택하셨다. 누가복음에는 72명이 나온다 (눅 10:1). 그리고 예수님은 제자들을 이스라엘의 새로운 "지파"가 될 권한을 주신다.

예수님의 사명

예수님의 "사명"이 무엇인가, 다시 말해서, 예수님은 무엇을 하러 오셨는가? 첫째, 하나님을 드러내시려고 오셨다. 예수님은 "나를 본 자는 아버지를 보았거늘"(요 14:9)이라고 말씀하셨다. 사도 바울은 예수님을 "보이지 아니하시는 하나님의 형상"(골 1:15)이라고 말한다. 히브리서의 저자는 예수님을 "하나님의 본체의 형상"(히 1:3)이라고 말했다.

둘째, 하나님의 나라를 시작하시려고 오셨다. 하나님의 나라는 *이미* 임했고 (예수님의 인격체로), *아직* 완성되지 *않았다* ("주의 나라가 임하옵시며").

셋째, 우리의 죄—하나님을 온 마음으로 사랑하지 않은 죄, 그의 계명들을 지키지 않은 죄 (요일 5:3), 이웃들에게 사랑과 자비를 보이지 않은 죄—를 대신하여 죽으심으로 인류를 구속하러 오셨다. 기독교 공동체는 예수님의 죽음이 이사야가 예언한 대로 (사 53:12) 세상 죄를 지기 위해 독생자를 보내시는 하나님의 계획을 완성했고, 가룟 유다의 배신을 포함하여 그의 죽음을 둘러싼 모든 환경을 하나님의 계획에 필요불가분한 요소들이었다고 간주한다.

예수님의 죽음

왜 예수님은 죽임을 당하셨는가? 이것은 이중적인 의미를 내포한 질문이다. 첫째, 왜 그는 죽을 줄 알면서도 (막 10:32~34) 예루살렘으로 가셨는가? 둘째, 왜 당국은 그가 예루살렘에 도착하자마자 사형시켰는가? 첫째 질문에 대해서는, 예수님의 주된 사명이 세상의 죄를 지시고 한번 죽으심으로 영원한 속죄의 어린양이 되시는 것이었다. 예를 들어, 만약 예수님이 노환으로 죽으셨다면 우리의 죄를 위해 죽은 것이 아닐 것이다.

두 번째 질문을 다시 하면, 왜 사두개인들은 예수님을 죽이기를 원했으며, 왜 본디오 빌라도는 예수님이 죄가 없다는 것을 알면서도 (눅 23:13~15) 십자가 처형에 동의했을까? 사두개인들은 예수님이 폭동을 일으켜서 신속하고도 잔인한 로마의 대응을 불러올까 두려웠고, 유대의 지도층인 자신들이 그 첫 번째 희생자가 될까 겁났기 때문이다. 그들이 이렇게 생각한 데는 많은 이유가 있었다. 유월절은 외국의 압제에서 이스라엘이 구원받음을 기념하는 것이었다. 메시야가 유월절에 나타난다고 사람들은 믿었다. 예수님은 반(反) 로마 정서가 강렬한 지역인 갈릴리에서 왔다. 게다가 예루살렘은 유월절을 지키기 위해 모인 유대인들로 북새통을 이루었다. 빌라도는 황제 티베리우스의 조각상을 세우는 문제와 수로 건설을 위해 성전 금고에서 돈을 충당하는 문제로 유대인들과 사이가 나빴다. 유대 지도층은 빌라도에게 "이 사람을 놓으면 가이사의 충신이 아니니이다"(요 19:12)라고 말했다. 아켈라우스 때 그랬던 것처럼 그를 제거하기 위해 로마에 갈 수도 있다는 암시를 주었다.

예수님의 죽음은 잔인하고 비참하고 수치스러운 십자가 처형이었다. 십자가 처형을 할 때, 먼저 매질을 해서 죄인의 기력을 쇠진하게 하여 죽기까지 시간을 단축시킨다. 십자가 처형은 경고의 의미로 공개적으로 이루어진다. 예수님은 해골의 장소를 의미하는 헬라어로는 *골고다*, 라틴어로는 *갈보리*에서 처형당하셨다. 또한 죄명까지 붙여 놓는다. 예수님의 죄명은 "유대인의 왕"으로, 로마에 대항하는 왕임을 자처했다는 의미이다. (예수님이 신성모독을 했다는 산헤드린의 혐의로는 로마의 처형을 정당화할 수 없었을 것이다.) 결정적인 수치는 마지막에 있다. 죄인들은 벌거벗겨지고, 그들의 시체는 썩은 고기를 찾아 헤매는 새들에게 던져진다.

예수님의 부활

신약은 부활하신 예수님이 제자들과 다른 사람들에게 나타나신 열두 번의 이야기를 기록하고 있다. 이 이야기들은 신앙의 관념적 요소가 아니라 실제로 무엇인가 일어난 *사실*로 기록되어 있다. 그들은 놀랐음을 강조한다. 심지어 예수님이 제 삼일에 살아나실 것이라고 말씀하셨는데도, 그 누구도 부활절 아침에 부활이 있으리라고는 생각하지 못했다 (막 8:31). 그리고 그들은 부활하신 예수님의 몸을 설명하고자 부단히 애썼다. 예수님의 몸은 손에 잡히는 육신이어서 드시고 마실 수 있었지만, 한편으로는 문을 통과하실 수 있었다. 기독교 작가 프레데릭 뷰크너(Frederick Buechner)는 그의 저서 「장엄한 패배」(The Magnificent Defeat)에서 "어색하고 혼란스러웠던 그날 아침에 실제로 무엇인가 일어나지 않았다면, 신약은, 교회는, 기독교는 없었을 것이다"라고 말했다.

복음서는 예수님을 증거한다

복음(gospel)이라는 단어는 하나님의 기쁜 이야기나 소식을 말하는 고대 영어 *갓스펠*(godspel)에서 유래한다. 하나님의 *기쁜 소식*은 "[예수님이 죽으심으로 구원하셨음을] 믿는 자마다 멸망치 않고 영생을 얻게 하려 하심이니라"(요 3:16, 복음을 아주 간결하게 지칭하는 말씀)이다. 예수님에 관한 이야기를 말에서 글로 옮긴 복음서가 생겨난 까닭은 예수님을 알고 있는 사람들(제자들이 차례로 죽어가고 있었다)이 말하는 예수님을 실제로 보고 체험한 사실적인 이야기들이 필요했고, 예수님에 관한 이단 사상들이 나타나기 시작했기 때문이다.

복음서

복음서는 예수님에 대한 증거이다. 물론 예수님의 생애를 다루고는 있지만, 현대적인 관점에서 "전기"는 아니다. 왜냐하면 예수님의 일생 중에 10분의 1만 다루었고, 나사렛의 성장기나 "개인적인" 자료들은 전혀 언급이 없기 때문이다. 복음서의 관심사는 예수님의 생애에 대한 *사실*이 아니라―그래서 우리는 복음서의 이야기들이 이따금씩 다를지라도 놀랄 필요가 없다―그분의 생애가 주는 *의미*이다.

- **복음서의 저작 연도.** 대부분의 학자들은 마가복음은 65년과 70년 사이에, 마태복음과 누가복음은 80년대에, 요한복음은 90년대에 쓰여졌다고 생각한다. 70년에 로마 군인들이 성전을 파괴했다는 언급이 없는 것으로 보아 사복음서 전부가 70년 전에 쓰여졌다고 보는 소수의 의견도 있다 (눅 21:5~6 참조).

- **복음서의 저자.** 각 복음서는 누구의 복음이라고 불리기 때문에 사람들은 그들이 저자일 것이라고 생각한다. 그러나 복음서는 작자 미상이다. 바울이나 다른 사람들이 서신에 이름을 드러낸 것처럼 복음서의 저자들은 자신들의 이름을 언급하지 않았다. 그렇다고 저자를 알 수 없다는 것은 아니다. 일찍부터 "누구의 복음"이라고 제목이 붙여져 있었다. 게다가 영국의 학자 프랜스(R. T. France)에 따르면 "복음서들이 현재의 이름 없이 존재했었다는 증거도 없고, 그 이름이 바뀌었다는 증거도 없다." 각 복음서의 제목은 복음서들을 서로 구별하기 위해서 그리고 예식 때 낭독하기 위해서 2세기에 붙여진 것이다.

- **복음서의 독자층.** 우리는 복음서를 책을 읽듯이 읽는다. 그

러나 식자율(識字率)이 2~3%에 불과했던 1세기에는 복음서를 개인적으로 읽기보다는 가정 교회에 성도들이 모여 앉아서 큰 소리로 낭독했다. 듣는 사람들이 복음서의 이야기를 잘 이해할 수 있도록 저자들은 반복법을 사용했는데, 특히 주제를 세 번 반복하는 삼중반복을 각 복음서에서 볼 수 있다.

• **복음서의 구조.** 각 복음서는 이중 구조를 가지고 있다. 전반부는 예수님의 공생애를 다루고 있는데, 예수님이 다른 선생들과는 차원이 다르다는 것을 보여 주는 병 고침과 기적들이 빈번히 일어나는 설교와 가르침이 있다. 후반부는 예수님의 개인적인 사역으로, 앞으로 다가올 예루살렘에서의 죽음, 사도적 사명을 제자들에게 준비시키는 것 그리고 하나님의 뜻을 이루는 부활을 다루고 있다.

마가복음: 기초가 되는 복음서

마가복음은 완성본이 아니라는 말들 때문에 오랫동안 경시되었다. 오늘날은 그 반대이다. 마가복음이 가장 먼저 기록되었으므로 최초의 복음서이며, 마가복음은 마태복음과 누가복음의 자료로 활용되었기 때문이다. (마태복음, 마가복음, 누가복음을 공관복음이라고 한다. *공관*이라는 단어는 "같이 보다"라는 뜻을 가진 두 개의 헬라어에서 유래하는데, 이 세 복음서가 비슷한 줄거리를 가지고 있기 때문이다.) 마가복음은 활동으로 가득 차 있고 긴박감이 있다. 마치 카타콤에 숨어 있거나 도피 중인 그리스도인들에게 쓴 것처럼, *곧, 즉시, 급히*와 같은 단어들을 빈번하게 (약 40회) 사용하고 있다.

- **요한 마가.** 교회 전승을 보면 마가복음은 로마에서, 아마도 베드로가 60년대 중반에 순교하고 나서 곧바로 쓰여진 듯하다. 2세기 히에라폴리스(Hierapolis)의 감독 파피아스(Papias)에 따르면, "마가는 베드로의 통역자로서 주님이 말씀하시고 행하신 모든 것을 베드로가 기억한 그대로 옮겨 적었다." (마가복음의 생생한 세부 묘사는 실제로 목격한 것을 기반으로 했음을 암시한다.) 마가의 이름이 들어간 복음서를 마가가 쓰지 않았다고 생각할 이유가 없다. 왜냐하면 실제로 그가 저자가 아니라면 제자도 아니고 사도도 아닌 사람을 저자라고 여겼을 리가 없기 때문이다. 전승에 의하면, 최초의 복음서의 저자 마가는 요한 마가라고도 했다 (행 12:12, 25). 그는 예루살렘에 살았고, 재력이 있었던 과부 마리아의 아들이었다. 그녀의 집에서 최후의 만찬이 있었던 것 같다. 그렇다면, 겟세마네 동산의 "청년"이 마가의 "비밀 서명"일 것이다. (각 복음서마다 비밀 서명이 있다고 생각하는 사람들도 있고, 그것은 단지 어리석은 추측에 불과하다고 여기는 사람들도 있다.) 마가는 바나바의 사촌이었다. 그들은 함께 바울의 첫 번째 전도 여행에 동행했다 (46~48년). 어떤 이유 때문에, 마가는 버가에서 그들을 떠나 "예루살렘으로 돌아가고" (행 13:13), 나중에 마가와 바울은 화해한다 (딤후 4:11).

- **구조, 독자층, 메시지.** 언급한 대로 복음서는 이중 구조를 가지고 있다. 마가복음의 핵심이나 중심 구절은 베드로가 예수님을 "그리스도"(막 8:29)로 고백한 것이다. 이어서 예수님은 제자들에게 "많은 고난을 받고...버린 바 되어 죽임을

당하고"(막 8:31)라고 말씀하신다. 마가복음의 독자들은 이방인인 것 같다. 마가복음에는 예수님의 유대 족보가 없다. 구약을 언급한 부분도 거의 없다. 히브리어나 관습들에 대한 설명이 있다 (막 7:3~4 참조). 예수님이 "하나님의 아들"(막 15:39)임을 선포한 사람이 십자가 발밑에 있던 로마의 백부장, 즉 이방인이다. 많은 사람들은 마가가 64년 6월에 네로가 저지른 로마 방화의 죄를 뒤집어쓰고 희생양이 되어 박해를 받은 사람들의 용기와 믿음을 북돋우기 위해 썼다고 생각한다. (네로는 로마의 주거지에 불을 지르고, 나중에 그 곳에 궁전을 짓는다. 그는 자신이 방화했다는 소문을 무마하기 위해 그리스도인들을 비난했다.) 마가의 메시지는 예수님을 소망하는 것이 진정한 소망이라는 것이다. 마치 예수님이 제자들에게 "누구든지 나와 복음을 위하여 제 목숨을 잃으면 구원하리라"(막 8:35)고 말씀하셨을 때 예수님의 제자들이 그랬던 것처럼 말이다.

마태복음: 유대인의 복음서

마태복음은 초대 교회에서 세 가지 이유로 가장 인기가 많은 복음서였다. 첫째, 저자가 마가복음과는 달리 예수님의 제자였다고 생각했다. 둘째, 포괄적인 범위를 다루었다 (마가복음과는 달리 어린 시절과 부활의 이야기가 다 있다). 셋째, 초신자들을 가르치기에 적절한 산상수훈과 같은 설교가 구성되어 있다.

마가복음이 최초로 기록된 복음서라면 왜 마태복음이 신약성경 맨 앞에 놓인 것일까? 한 때 마태복음이 최초의 복음서라고 생각했었고, 좀 더 완성도 높은 이야기를 갖고 있으며 (누가처럼 마태도 마가복음보다는 좀 더 긴 이야기가 필요하다고 생각했다), 예수님을 예언된 자로 묘사함으로 신약과 구약 사이의 가교로 가장 적합하기 때문이다. 마태복음에서 가장 돋보이는 것은 예수님의 산상수훈이다.

- **세리 마태**. 두 번째로 기록된 복음서의 저자는 "세리 마태"로 (마 10:3), 예수님의 열두 제자 중에 한 명이다 (마가복음과 누가복음에서는 그를 레위인이라고 한다). 세리는 동족인 유대인들에게 세금을 부과했고, 또 원칙이 없었다는 말을 들었기 때문에 경멸의 대상이었다 (세리가 존경받지 못하는 점을 감안할 때, 마태가 자신을 세리라고 언급한 것은 놀라운 일이다. 이것이 "비밀 서명"이 될 수도 있을까?). 어떤 사람들은 마태가 헤롯 안티파스 밑에서 일했고, 다메섹에서 지중해변에 있는 도시 아크레 (Acre)로 무역을 하는 상인들에게 세금을 걷었을 것이라고 생각한다. 마태가 관세 공무원이었다면, 기록을 어떻게 일목요연하게 남기고 정리하는지 알고 있었을 것이고, 마태복음의 주요 특징인 예수님의 많은 가르침을 적어 둘 수 있었을 것이다. 오늘날 마태복음의 저자에 관하여 회의적인 생각들이 많다. 마가복음의 줄거리를 그대로 따라갔고, 마가복음의 90%를 포함하고 있기 때문이다. (비평가들은 "예수님과 함께 있었던 사람이 그렇지 못한 사람의 글을 왜 그토록 많이 빌려 왔는가?"라는 질문을 한다.) 마태복음을 마태의 제자가 쓴 것이라고 믿

는 사람들도 있다. 그래서 마가복음에 그렇게 많이 의존해야 했던 것이다. 마태의 제자들이 마가복음에 마태가 모아놓은 예수님의 산상수훈 같은 설교 모음집과 마태복음에 나온 출생 이야기 같은 특별한 자료들을 합쳐서 좀 더 광범위한 복음서를 쓰고서 선생인 마태에게 헌정한 것이라는 추측이 있다. 현대에서는 이것을 표절이라 할 수 있겠지만, 저작권이나 판권이 없었던 고대에서는 다른 사람의 글을 사용하는 것이 일상적이고 일반적인 관행이었다.

- **구조, 독자층, 메시지.** 마태복음은 마가복음의 줄거리를 따라가고 있지만, 다른 강조점이 추가되었다. 마태가 마가복음의 이야기에 끼워 넣은 다섯 개의 설교, 즉 예수님의 가르침이다. 설교는 제자도 (5~7장), 사명 (10장), 하나님의 나라 (13장), 공동체 생활 (18장), 다가올 심판(23~25장)을 다루고 있다. 마태복음의 독자들은 유대의 그리스도인인 듯하다. 유대인의 말과 관습에 설명이 없기 때문이다 (독자들은 이미 그가 무엇을 말하는지 알고 있다). 마태복음의 예수님은 오랫동안 기다렸던 메시야로 나타나는데, 마태는 이것을 두 가지로 설명하고 있다. 첫째, 아브라함부터 다윗을 거쳐 요셉에 이르는 족보는 예수님이 다윗의 "집"에서 태어나셨음을 보여 준다. 둘째, 이사야, 말라기, 호세아, 예레미야 및 다른 선지자들의 예언을 수시로 언급하면서, 예수님이 히브리어 성경에 메시야로서 이미 예언되고 기록된 것을 "이루셨음"을 보여 준다.

누가복음: 전 인류의 복음서

누가복음은 신약에서 가장 길며, 누가복음과 사도행전(누가는 사도행전도 저술했다)은 신약의 4분의 1을 차지한다. 많은 사람들이 누가복음을 가장 좋아하는 "그리스도의 생애" 이야기로 손꼽는다. [스코틀랜드의 학자 제임스 데니(James Denney)는 예수님에 관한 가장 좋은 책을 추천해 달라는 부탁을 받았을 때, "누가가 쓴 것을 읽어 보았나요?"라고 말했다.] 누가는 예수님의 공생애 동안 예수님을 몰랐다. 그러므로 그의 복음서는 다른 사람들의 글과 목격담을 바탕으로 한다 (눅 1:1~4 참조). 누가는 예수님의 생애부터 사도들의 전도 여행까지 마치 역사를 기록하듯이 사람들의 이름과 사건들의 날짜를 꼼꼼하게 기록했다. 그러나 그의 의도는 하나님께서 역사라는 틀 안에서 자신의 구원 계획을 이루시는 것을 보여 주는 것이다. 누가복음의 특징은 예수님의 비유이다. 누가는 가장 많이 사랑받는 예수님의 비유를 글로 남겼는데, 마태와 마가가 종종 함께 모아 놓은 비유들을 솜씨 좋게 이야기에 엮어 놓았다.

- **의사 누가.** 세 번째로 쓰여진 이 복음서의 저자는 누가라고 처음부터 전해 내려왔다. 누가가 예수님의 제자 중에 한 명이 아니었기 때문에, 그렇게 생각한 데는 분명히 어쩔 수 없는 이유들이 있었을 것이다. 누가가 유대인에 관하여 많이 알고 있기 때문에 (이는 바울로부터 쉽게 들을 수 있었다) 논란이 있긴 하지만, 그는 일반적으로 이방인이라고 알려져 있다. 그리고 그가 정확한 의학 용어와 어휘를 사용했고, 바울이

그를 "의사"(골 4:14)라고 부른 것으로 보아 의사였을 것이다. 누가는 50년대 초에 바울의 두 번째 전도 여행 중 드로아에서 바울을 만난 것 같다. 그는 바울이 빌립보에서 교회를 시작하도록 도와주었고, 아마도 교회의 담임을 맡았을 것이다. 그는 후에 바울을 다시 만나 바울의 세 번째 전도 여행이 끝날 무렵 예루살렘으로 가는 길에 동행했고, 그리고 나서 바울이 가이사랴에서 옥에 갇혔을 때 그 곳까지 갔다. 누가는 바울과 함께 배를 타고 로마로 가서 바울이 죽을 때까지 함께 있었다. 사도행전에 나오는 "우리"(눅 16:9~17, 21:1~17, 27:1~28:16)가 누가의 비밀 서명이라고 생각하는 사람들도 있다.

- **구조, 독자층, 메시지.** 누가복음 또한 마가복음의 줄거리를 따라가고 있지만, 이야기를 풀어나가는 데 있어서 좀 더 세련되고 문학적이며 개방적이다. 아일랜드 학자 데이빗 구딩(David Gooding)은 누가복음이 두 가지 "움직임"을 갖고 있는데, 예수님이 하늘에서 땅으로 오심이 *구유*에서 시작되고 땅에서 하늘로 올라가심이 *승천*에서 끝난다고 말했다 (둘 다 누가복음만의 독특한 점이다). 누가복음의 핵심 구절은 9장 51절이다. 누가복음은 그리스와 로마인들을 대상으로 기록된 것인데, 데오빌로에게 헌정된 것이나 문학적 형식이나 어휘, 히브리어보다 헬라어를 더 빈번하게 사용한 점, 유대 관습은 제한적으로 언급한 것에서 알 수 있다. 마태는 예수님이 약속된 메시야라고 썼는데, 누가는 예수님이 전 인류의 구원자라고 썼다. 예를 들어, 누가복음의 족보는 다윗과 아브라함을 뛰어넘어서 아담에 이르고 있다. 예수님은 이스라엘

을 구원하러 오신 것이 아니라 "잃어버린 [모든] 자를 찾아 구원하려고" 오셨다 (눅 19:10). 누가복음의 주제나 메시지는 예수님이 나사렛 회당에서 주의 성령이 그에게 임하셔서 가난한 자와 병든 자와 억눌린 자에게 복음을 전하게 하셨다고 선포하신 설교(눅 4:16~21)에서 찾아볼 수 있다.

요한복음: 영적인 복음서

요한복음은 마태복음, 마가복음, 누가복음과 구조, 형식, 내용 면에서 거리감이 있다. 중복되는 부분은 약 10%뿐이다. 다른 점 중에 하나는 요한이 *생략*한 부분들이다. 요한복음에는 예수님의 탄생 이야기도, 세례나 시험도, 비유나 산상수훈도, 변화산의 사건도, 빌라도의 법정이나 십자가에서의 고난도 없다. 또 다른 점은 요한이 *추가*한 부분이다. 가나안의 혼인 잔치, 예수님과 니고데모, 우물가의 사마리아 여인, 태어났을 때부터 소경인 자를 고치신 이야기, 제자들의 발을 씻기심, 나사로를 살린 이야기가 있다. 요한복음의 특징은 예수님이 "나는 ~이다"라는 은유를 일곱 번이나 사용하여 자신을 "구원의 길"로 묘사하신 것이다. 이는 예수님이 "나는 생명의 떡" (요 6:35), "세상의 빛" (요 8:12), "문" (요 10:9), "선한 목자" (요 10:11), "부활이요 생명" (요 11:25~26), "길이요, 진리요, 생명" (요 14:6), "포도나무"(요 15:1)라고 말씀하신 구절들이다.

• **사랑하는 제자 요한.** 요한은 야고보의 동생이며 (우뢰의 아들,

막 3:17), 예수님의 제자 중에 아마도 가장 어린 자였다. 많은 사람들이 그를 "예수가 사랑하시는 제자"(요 19:26)라고 보는데, 이름이 없는 이유는 아마도 겸양의 뜻일 것이다 (요한의 비밀 서명?). 신약에는 다섯 권에 요한의 이름이 있다: 네 번째 복음서, 요한의 세 편지 (요한일서, 이서, 삼서) 그리고 요한계시록. 네 번째 복음서에 관하여 초대 교회는 세베대의 아들 요한이 "이 일을 증거하고 기록한 제자"(요 21:24)라고 믿었다. 오늘날 어떤 주석가들은 네 번째 복음서가 요한의 "손"에서 나온 것이 아니라 요한 공동체로 불리는 그의 제자들이 쓴 것이라고 생각한다.

- **구조, 독자층, 메시지.** 위에 언급한 대로 요한복음은 마가복음의 줄거리를 따르지 않고 대상 또한 누구인지 분명하지 않다. 그러나 요한복음은 다른 세 복음서와 같은 구조—대중 사역과 사적 사역—를 가지고 있다. 전반부(1~12장)는 이적(혹은 기적)의 책, 후반부(13~21장)는 영광의 책(예수님의 "시간", 예수님을 찬양)이라고 말해 왔다. 많은 사람들은 요한이 에베소에 있는 기독교 공동체에 예수님을 증거하기 위해 썼을 것으로 생각한다. 에베소는 그가 1세기 말에 말년을 보냈던 곳이다. 요한복음의 메시지는 예수님이 "말씀이 육신이"(요 1:14) 되신 분이라는 것이다. 스코틀랜드의 성경 주석가 윌리엄 바클레이(William Barclay)는 "이것이 신약에서 가장 위대한 절이 되는 것은 당연하다"라고 말했다. 예수님은 영원한 생명의 메시지를 *전하러* 오신 것이 아니다. *그분이* 메시지이다.

복음서: 네 개의 이야기, 한 분 예수님

　복음서들이 예수님에 관하여 서로 다른 이야기를 하고 서로 다른 예수님의 모습을 그리고 있기 때문에 허구라고 말하는 사람들도 있다. 그러나 절대 그렇지 않다. 우리가 유명인의 다양한 전기를 읽을 때 작가들의 이야기들은 다르지만, 각각의 이야기들은 우리가 단 한 권의 전기를 읽었을 때보다 그 사람에 대해 더 잘 알 수 있도록 도와준다는 것을 깨닫게 된다. 복음서도 마찬가지이다. 복음서들이 달라 보이는 이유는 각각의 저자들이 이야기를 구성하면서 자신들의 특정한 독자층에게 예수님 이야기의 서로 다른 면들을 강조하려고 했기 때문이다. 마가는 네로의 박해를 겪고 있는 로마의 그리스도인들에게 썼다. 마태는 유대인들에게 예수님이 오랫동안 기다렸던 메시야라고 전했다. 누가는 더 넓은 그리스—로마 세계에 예수님이 온 인류의 구주이심을 알렸다. 요한은 예수님이 "말씀이 육신이 되어" 오신 분이라고 기록했다. 서로 다른 네 개의 관점에서 기록된 네 개의 증언들은 모두 이 땅에서 사셨고 죽으셨다가 다시 사신 예수님에 관한 것이었다.

바울과 복음의 확장

예수님이 마지막으로 제자들에게 부탁하신 것은 마태복음에서는 모든 사람들을 의미하는 "모든 족속"(마 28:19)에게, 사도행전에서는 로마 제국 전체에 걸쳐 "땅 끝까지" (행 1:8) 이르러 복음을 전하라는 것이었다.

사도행전

사도행전은 어떻게 기독교가 유대 그리스도인의 중심지였던 예루살렘에서 사회 정치의 중심지였던 로마로 퍼져나갔는가에 관한 이야기이다. 사도행전은 누가가 기독교의 기원에 대해 쓴 두 권짜리 책 중에 후반부이다. 2세기에 네 권의 복음서를 하나로 묶고, 사도행전을 복음이 "외부로 확장"되는 이야기로써 제 자리를 찾아주기 위해 누가의 두 권짜리 책은 분리되었다.

- **누가의 저서.** 사도행전의 저자가 누가인 것은 심각하게 의문시된 적이 없다. 단지 누가가 바울의 여행에 동행했었다면 왜 바울이 서신서를 쓴 것에 대한 언급이 없었는지 궁금해 하는 사람들은 있다. 그 이유는 고대에 역사서가 주로 이야기에 등장하는 주인공들의 연설을 중심으로 기록되기 때문에, 아마도 누가는 바울의 설교(사도행전에는 아홉 개의 바울의 설교가 있다)를 강조하려고 했기 때문일 것이다. 누가가 사도행전을 시작하면서 왜 다시 데오빌로를 언급했는지 또 예수님의 승천 이야기를 반복했는지 (둘 다 누가복음에 있다) 의아해 하는 사람들도 있다. 아마도 두 책이 각기 서로 다른 문서로 되어 있고, 이런 식으로 누가가 두 권을 하나로 묶으려고 했기 때문일 것이다.

- **사도행전의 이야기와 구조.** 사도행전은 교회의 처음 30년— 예수님이 부활 후 나타나셔서 30년에 승천하시는 것부터 바울이 60년에 로마에 도착할 때까지—의 이야기이다. 전반부 (1~12장)는 베드로와 예루살렘 교회의 이야기를 다룬 *베드로* 부분으로, 44년 헤롯 아그립바 1세의 죽음으로 끝난다. 후반부(13~28장)는 *바울* 부분으로 46년 바울과 바나바를 예루살렘 밖으로 보내면서 시작한다 (행 13:1~3). 후반부는 빌립보, 고린도, 에베소, 로마 제국의 다른 도시로 간 바울의 전도 여행 이야기이다.

- **오순절: 교회의 탄생.** 사도행전은 예루살렘에서 예수님과 제자들의 이야기로 시작한다. 1장 8절(사도행전의 구조와 메시지를 이해하는 데 핵심 구절)에서 예수님은 "오직 성령이 너희

에게 임하시면, 너희가 권능을 받고, 예루살렘과 온 유대와
사마리아와 땅 끝까지 이르러 내 증인이 되리라"고 말씀하
셨다. 예수님이 죽은 지 50일이 되는 날(*오순절*이란 말은 "50번
째"를 의미하는 헬라어에서 왔다. 유월절 이후 50일째 되는 날을 말
한다), 성령이 제자들과 다른 사람들에게 임하여 그들은 "다
른 방언"을 말하기 시작했다 (14번 언급됨). 예수님이 세례받
으실 때 임했던 성령(눅 3:22)이 이스라엘에서 예수님의 사역
을 시작하게 했다. 동일한 성령이 오순절에 그의 제자들에
게 임하여 그들이 "세상 끝까지" 가는 사역을 시작하게 했다.

사도 바울: 그리스도의 대사

사도행전은 우리에게 교회의 초기 전도자 중에서 최초도 아니
고 유일한 사람도 아니었지만 가장 중요한 사도 바울을 소개한
다. 바울이 46년 첫 번째 전도 여행을 떠나기 전에, 다메섹에서는
이미 교회가 세워져서 아나니아와 다른 사람들이 활발히 활동하
였고, 안디옥에는 거대한 기독교 공동체가 있어서 바울의 선교
기반이 되었으며, 구브로는 바나바의 고향이었고, 로마는 바울이
가기 전에 이미 교회가 번성했으며, 알렉산드리아는 아폴로의 고
향이었다.

- **다소의 사울.** 우리는 사도행전과 바울의 서신서를 통해 바
  울에 대해 꽤 많이 알고 있다 (갈 1:13~24, 빌 3:4~6). 사울은
  이스라엘의 첫 번째 왕 사울의 이름을 딴 것이고, 바울은

그리스-로마식 이름이었다. 바울은 현재 터키에 해당하는 다소에서 태어났으며, 다소는 번성한 항구이자 무역 중심지였고, 학교들이 유명했다 ("소아시아의 아테네"였다). 그의 부모는 어떻게 시민권을 얻었는지는 알려져 있지 않지만, 로마 시민권자였다. 바울은 시민권을 상속받았다고 말한다 (행 22: 27~28). 그의 아버지는 바울과 마찬가지로 가죽을 다루고 천막을 만들었다. 그에게는 누이가 있었는데, 그녀의 아들이 바울에게 예루살렘에서 바울을 체포하려는 음모가 있다는 것을 경고했다 (행 23:16). 바울은 나이가 찼을 때 예루살렘에 가서 1세기에 가장 유명한 랍비 학자인 가말리엘 문하에서 공부했다 (행 22:3). 바울은 그리스도인들을 박해하는 엄격하고 열광적인 유대인이 되었다. 그는 그리스도인들이 유대교를 훼손한다고 생각했다. 33년, 20대 후반에 바울은 다메섹으로 가는 길에 예수님을 만났다.

- **바울의 회심.** 바울의 부르심은 성경에서 가장 극적인 회심 이야기이다. 바울은 "그 도를 좇는 사람"을 잡으러 다메섹에 갔다. 그가 다메섹에 가까이 갔을 때, "하늘로서 빛이 저를 둘러 비추는 지라....사울아, 사울아, 네가 어찌하여 나를 핍박하느냐?"(바울은 예수님의 추종자들을 박해하고 있었다)는 소리를 들었다. 바울은 아나니아로부터 "이방인에게 예수님의 이름을 전하기 위하여" 선택되었다는 말을 듣는다. 사도행전 9장 1~19절의 이야기 뒤에는 대비되는 두 개의 이야기가 있다. 하나는 바울이 세 번째 전도 여행을 마치고 체포되는 것이고 (행 22:3~21), 또 하나는 가이사랴에서 수감되었을 때

이다 (행 26:9~18).

- **바울의 전도 여행.** 바울이 얼마나 많은 전도 여행을 다녔는
지는 모르지만, 그 중에 세 번은 사도행전에 잘 기록되어 있
다. 첫 번째 전도 여행(46~48년)은 바울, 바나바, 마가(일부 동
행)가 동행했다. 그들은 안디옥에서 구브로(바나바의 고향)로
이동했고, 그리고 나서 갈라디아로 갔다. 두 번째 전도 여행
(49~53년)은 바울, (바나바 대신) 실라, (마가 대신) 디모데가 함께
했다. 그들은 바울이 첫 번째 전도 여행 때 방문했던 소아시
아의 도시들을 갔다가 유럽을 돌아서 고린도에서 전도 여행
을 마감했다. 고린도에서 바울은 18개월 동안 머물렀다. (이
여행에서 누가는 바울을 만났다.) 세 번째 전도 여행(54~58년)에
서 바울과 2차 전도 여행팀은 소아시아와 유럽에 세웠던 교
회들을 재방문하고 에베소에서 정착하여 2년 동안 머물렀다.

- **바울의 저서.** 바울의 저서들은 그리스-로마식으로 맨 앞에
그의 이름이 나오고, 이어서 공식적인 인사말, 그리고 서신
본문에는 교리 설교와 윤리 교훈이 들어 있으며, 마지막에
는 끝인사가 나온다. 바울의 서신들은 50~51년에 데살로니
가전서로부터 60년대에 목회서신까지 약 15년간 쓰여진 것
이다. 그의 서신들은 대부분 대필된 것으로 (롬 16:22 참조)
일부는 편집되고 합해졌을 수도 있지만, 고린도전서처럼 주
의 깊게 쓰여졌고, 신약성경에 있는 서신들보다 그 수가 훨
씬 많으며 (고전 5:9, 고후 2:4, 골 4:16에 언급된 편지들은 발견되지
않았다), 공동체(교회)에 보내는 것도 있고, (디모데에게 보내는
편지처럼) 개인적인 것도 있다. 누가가 바울이 소장한 서신들

의 복사본에서 바울의 서신들만 모았다고 생각하는 사람들
도 있고, 나중에 에베소 교회의 감독이 되었던 오네시모(빌
레몬서에 언급되었던 노예)가 모은 것이라고 생각하는 사람들
도 있다.

- **바울의 신학.** 바울은 토라가 하나님의 궁극적인 계시라고
믿으면서 자랐다. 그런데 예수님이 다메섹 도상에서 그에게
나타났다. 그리고 나서 모든 것이 달라졌다. 바울은 유대인
의 율법이 죄를 깨닫게 할 수는 있어도 죄를 극복할 수 있는
*힘*은 없다는 것을 이해하게 되었다. 오직 믿음으로만, 우리
를 죄에서 구속하기 위해 보내심을 받은 한 분 예수님을 믿
음으로, 우리는 *의로워질 수 있고*—"믿음으로 의로워짐"은
바울 교리의 핵심—하나님과 올바른 관계를 맺을 수 있다.
바울 신학의 결론은 십자가이다: "우리는 십자가에 못 박힌
그리스도를 전하니, 유대인에게는 거리끼는 것이요, 이방인
에게는 미련한 것이로되" (고전 1:23).

- **바울: 바로 그 사람.** 바울은 하나님이 주신 사명을 이방인들
에게 전하기 시작한 바로 그 시간에, 바로 그 자리에 있었던,
바로 그 사람이었다. 그는 히브리어 성경에 능통한 *바리새
인*이었다. 복음을 그리스-로마 세계의 다양한 언어와 사상
체계로 옮길 수 있었던 *비팔레스타인 유대인*이었다. 시민권
으로 보호받았던 *로마 시민*이었다. 처음에는 유대교를 위해,
후에는 기독교를 위해 열정을 보였던 *종교 열심당원*이었다.
전도 여행길에 올랐던 12년 (46~58년) 동안 사도 바울은 로마
제국의 북지중해 도시 여러 곳에 교회를 세웠다.

갈라디아서: 그리스도인의 자유에 관한 편지

갈라디아서는 (유대의 율법주의로부터) 그리스도인의 자유에 관한 대헌장이라고 불려 왔다. 바울이 갈라디아를 떠난 후, 몇몇 강경한 유대-그리스도인들이 왔다. 그들은 갈라디아인들에게 믿음으로 말미암아 은혜로 구원을 얻었다는 바울의 가르침은 충분하지 않다고 말했다. 유대교에 더 깊이 뿌리내려야 한다고 했다. 유대-그리스도인들이 골칫거리이긴 했지만, 그들 때문에 바울은 기독교와 유대교의 주된 차이점들, 즉 기독교가 유대교의 연장선상이 아니라 확실히 다르게 구별되는 점들을 명료하게 할 수밖에 없었다. 바울은 사람이 율법(유대교의 규범, 의식, 관습들)의 행위가 아니라 예수 그리스도를 믿는 믿음으로 의롭게 되는 것이라고 말했다. 만일 의롭게 됨이 율법으로부터 나온다면 "그리스도께서 헛되이 죽은 것이다"(갈 2:15~21)라고 말했다. 갈라디아서에는 스스로를 그리스도인이라고 부르는 사람들의 삶에 나타나야만 하는 성령의 아홉 가지 열매가 있다: 사랑, 희락, 화평, 오래 참음, 자비, 양선, 충성, 온유, 절제 (갈 5:22~23).

로마서: 바울의 최고 걸작

바울이 로마 교회에 보내는 서신 중에 가장 중요한 글로 여겨진다. 수년 간 전도 여행을 다닌 후 그의 생각이 정점에 이르렀고, 복음에 대한 이해를 가장 체계적인 주장으로 표현했으며, 바울이 교회에 보내는 마지막 유서였다. 로마 교회를 누가 세웠는지는 아는 사람이 없다. 오순절에 예루살렘에 있었던 로마 여행자일 수도 있다고 생각하기도 한다 (행 2:10 참조). 로마 교회는 컸다. 만약 그들이 작고 보잘 것 없는 숫자였다면 네로가 로마 방화범으로 그리스도인들을 지목할 수는 없었을 것이다.

로마서 1장 16~17절을 바울은 복음의 진수라고 불렀다. 바울은 복음을 "모든 믿는 자에게 구원을 주시는 하나님의 능력"이라고 말한다. 하나님이 자신을 창조물과 이스라엘에게 나타내셨지만, "모든 사람이 죄를 범하였다" (롬 3:23). 불행한 소식은 "죄의 삯은 사망"이라는 것이다. 기쁜 소식은 하나님께서 우리를 죄에서 건지시기 위해 한 분, 곧 "그리스도 예수 우리 주"를 보내셨다는 것이다 (롬 6:23). 로마서 12장 1절부터 15장 13절을 바울의 산상수훈이라고 말하는 사람들도 있다. 이 부분을 바울은 로마인들에게 "너희 몸을 하나님이 기뻐하시는 거룩한 *산* 제사(이스라엘이 죽은 동물을 제물로 받친 것과 대조적으로)로 드리라....오직 새롭게 함으로 *변화*를 받아..."(롬 12:1~2)라고 말하면서 시작한다. 바울은 계속해서 그리스도인들은 서로 사랑하고, 성도들의 필요를 채우며, 손님 대접하기를 힘쓰고, 믿음이 약한 자들을 환영하며, 다른 사람의 길에 장애물을 두지 말아야 한다고 쓰고 있다.

고린도전후서

바울과 그의 전도팀은 두 번째 전도 여행에서 고린도를 방문하여 18개월 동안 머물렀다. 고린도전서는 바울이 떠난 후 고린도 교회에 드러난 수많은 문제들에 대한 답이며, 초대 교회가 이

교도적인 환경에서 그리스도인이기 위해서 얼마나 노력했는지를 보여 준다. "초대 교회의 단순함으로 돌아가면 얼마나 좋을까"라고 말하는 사람들은 고린도전서를 읽어보아야 한다. 고린도전서에서 바울은 개인적으로 알게 되고 (고전 1:11) 편지로 들은 (고전 7:1) 수많은 문제들을 설명한다. 그 때로부터 세월이 무수히 흘렀지만, 심지어 오늘날에도 교회들이 씨름하고 있는 문제들을 담고 있다: 도당, 분파, 음란, 결혼과 이혼, 새신자들에 대한 민감성, 예배 예절, 영적 은사의 적절한 활용. 15장은 부활에 관하여 탁월하게 설명한 장이다. 예수님이 부활하신 후 몸을 보이신 사람들과 그리스도에게 "속한" 모든 사람들의 미래 부활과 우리가 부활할 육체의 본질에 대해서 언급하고 있다. 바울이 두 번째로 고린도에 보내는 서신은 그의 서신 중에 가장 자서전적이다. 고린도후서에서 그는 "우량 사도들"에 대하여 자신의 사역을 옹호한다. 또한 자신의 "육체의 가시"(고후 12:7)에 대해서도 말한다. 이 서신은 유명하고 널리 사용되는 축도인 "주 예수 그리스도의 은혜와 하나님의 사랑과 성령의 교통하심이 너희 무리와 함께 있을지어다"(고후 13:13)로 마무리된다.

바울의 다른 서신들

대부분의 학자들은 데살로니가전서가 바울의 첫 번째 서신이라고 믿는다. 그러므로 데살로니가전서는 신약에서 제일 먼저 쓰여진 것이다. 데살로니가전후서는 데살로니가의 유대인들이 바울에게 떠나기를 강요한 후에 (행 17장) 데살로니가에서 일어난 문제들을 다룬다. 그 문제들은 예수님의 재림, 특히 예수님이 다시 오시기 전에 죽은 자들은 어떻게 될 것인가에 관한 것이었다 (살전 4:13~18).

바울은 감옥에서 네 통의 서신을 썼는데, 이를 옥중서신이라고 한다. 빌립보서는 사랑하는 교회에 큰 기쁨을 표현한 편지이다. 골로새서는 바울이 세우지도 방문하지도 않았지만, 골로새 교회에서 일어나는 특정한 이단에 대해 쓴 서신이다. 빌레몬서는 골로새 교회의 일원에게 도망친 그의 노예 오네시모에 대해 쓴 개인적인 서신이다. 에베소서는 옥중서신 중에서 제일 중요하다. 개신교 신학의 중심이 되는 주제를 담고 있다: 행위가 아니라 믿음으로 말미암아 은혜로 구원을 받는다 (엡 2:8~10).

나머지 세 개의 서신들은 목회서신이라고 한다. 바울이 젊은 두 목회자인 디모데와 디도에게 정통성을 지키고 거짓 교사들을 질책하고 품행에서 모범이 되라는 교훈을 주고 있다. 또한 교회 지도자를 선택하는 데 있어서 고려해야 할 특성을 말하고 있다 (딤전 3:1~13).

히브리서와 일곱 개의 공동서신들

바울서신 이후로 여덟 개의 서신이 있다. 히브리서는 바울이 쓰지 않은 서신 중에 가장 길어서 제일 먼저 나온다. 이 서신은 우리 죄를 위하여 예수님이 영원한 제사를 드리신 것으로 충분함을 말하고 있다 (히 10:1~18 참조). 11장은 믿음의 장이라고 불려져 왔다.

　히브리서와 계시록 사이에 있는 짧은 일곱 개의 서신들은 공동서신이라고 말하며, 수신인이 아니라 저자의 이름으로 구분된다. 그 중에서 가장 중요한 것은 야고보서, 베드로전서, 요한일서이다. 야고보서는 신약에서 *믿음에 행함을 더하여* 강조한 서신으로 유명하다. 야고보는 "행함이 없는 믿음은 죽은 것이니라"(약 2:26)고 쓰고 있다. 베드로전서는 용기의 서신이다. 베드로는 독자들에게 예수님을 바라보고 그의 "자취"를 따라 기뻐함으로 고난을 받아들이라고 말한다 (벧전 2:21). 요한일서는 예수님의 인성을 부인하는 자들에게 반대하여 쓴 것이다. 요한은 부활하신 그리스도를 "우리가 들은 바요, 눈으로 본 바요, 주목하고, 우리 손으로 만진 바라"(요일 1:1)고 말하면서 서신을 시작한다.

요한계시록

　요한계시록이 성경에서 가장 어려운 책 중에 하나이고, 또한 가장 논란거리가 되는 책 중에 하나임은 말할 필요도 없다. 상징적인 언어(숫자, 색깔, 이상 현상들)를 사용한 것이 그 한 이유이다. 저자의 상징들은 오늘날 13이란 숫자가 그렇듯이 저자가 대상으로 한 사람들이 이해했던 것임을 기억해야만 한다. 예를 들어, (동물들의) *뿔*은 힘의 상징이고, *일곱*은 충만함 혹은 완성을 상징한다. 그러므로 일곱 개의 뿔은 완전한 힘을 의미했고, 일곱 개의 눈은 완전한 시야를 의미했다. 계시록 같은 묵시문학의 메시지는 하나님께서 애굽에서 바로의 압제 하에 있던 이스라엘 백성들을 구했던 것처럼 그의 백성들을 구한다는 것이다. 하지만 하나님이 개입하시기 전까지 상황은 점점 더 나빠질 것이다. 그러나 하나님은 승리하실 것이고, 흔들리지 않고 믿음을 지킨 자들에게 상을 주실 것이다.

계시록은 두 부분으로 이루어져 있다. 첫째, 요한은 현재 터키 지역에 있는 (아마도 "모든 교회"를 의미하는) 일곱 교회에 관하여 계시되는 내용을 받아 적으라는 말을 듣는다. 그 곳의 교인들이 타협과 배교(믿음을 저버림)의 죄를 짓고 있었다. 둘째, 요한은 생생한 말로 묘사된 역병, 기근, 전쟁, 죽음의 환상을 보고, 마지막 전쟁—아마겟돈 전쟁—이 있고, 마귀가 던져지고, "새 하늘과 새 땅"(계 21:1)이 있을 것이라는 말을 듣는다.

왜 유대인들은 예수님을 메시야로 인정하지 않았는가?

사도행전과 바울의 서신서들은 복음이 이방으로 전해지는 이야기를 한다. 사도행전 2장 41절, 2장 47절, 4장 4절에 기록된 대로, 많은 유대인들이 예수님이 약속된 메시야라고 믿었지만, 팔레스타인과 바울이 전도 여행에서 방문했던 도시에 사는 압도적인 다수는 믿지 않았다. 왜 믿지 않았을까? 첫째, 유대인들은 메시야가 갈릴리의 보잘 것 없는 마을의 촌부가 아니라 다윗의 성 예루살렘의 왕족으로 올 것이라고 믿었다. 둘째, 메시야는 세리와 같이 먹고, 부정한 자들을 고치고, 안식일을 범하는 자가 아니라 가장 순전한 유대주의자로 나타날 것이라고 믿었다. 셋째, 유대인들, 적어도 열심당 유대인들은 "너희 원수를 사랑하며, 너희를 핍박하는 자를 위하여 기도하라"(마 5:44)고 말하는 사람보다는 로

마의 압제에서 이스라엘을 구원해내는 다윗과 같은 용맹한 메시
야를 기다렸다. 넷째, 유대인들은 이사야가 예언한 대로 (사 53장)
이스라엘의 죄를 진다는 것을 이해하지 못했거나, 혹은 나무(십자
가)에 매달리는 자는 하나님의 저주를 받았기 때문에 (신 21:23)
메시야가 십자가에 매달리는 것을 이해하지 못했다. 다섯째, 유
대인들은 메시야가 죽은 자 가운데서 부활하는 것을 믿지 않았
다. 다른 사람들과 같이 종말에 부활할 것이라고 믿었다.

하나님의 계획은 온 세상에 구원을 주시는 것이다. 이 계획의
중심은 예수 그리스도이다. 그는 세상의 모든 죄를 대신하여 죽
고, 죽은 자 가운데서 부활하여 자신의 사명을 완수하신다. 고린
도전서에서 바울은 예수님의 죽음을 "유대인에게는 거리끼는 것
이요"라고 말했는데, 유대인들은 고난받는 종이 아니라 왕을 고
대했다. 또한 예수님의 죽음이 "이방인들에게는 미련한 것"이라
고 했는데, 이방인들은 일반 죄인들처럼 십자가에서 죽은 사람이
어떻게 전 세계의 구세주가 될 수 있는지 의심했다 (고전 1:23).

기독교의 간단한 역사

기독교사 초기 천 년 동안 기독교의 교회는 한 교회였다. 1054년에 교회에 분열과 분파가 생기면서 로마 가톨릭교회와 동방정교회로 나뉘었다. 그리고 5세기가 지난 후에 마틴 루터(Martin Luther)라는 독일의 수도승이 유명한 "95개 조항"을 비텐베르크(Wittenberg)의 캐슬교회(Castle Church) 문에 붙여 놓음으로, 종교개혁에 불을 붙이고, 서구 교회를 가톨릭과 개신교로 갈라놓았다. 종교개혁 이후 수년 동안 처음에는 가톨릭, 그 다음에는 개신교 선교사들이 인도, 사하라 이남 아프리카, 신세계, 극동 지역에 복음을 가지고 갔다.

교부시대

예수님이 죽으시고 부활하신 후에 4세기 동안을 교부시대—초기 교회 감독들의 시대—라고 하는데, 5세기에 서고트 족(族)이

로마에 침입하여 약탈하면서 끝났다. 이 시기는 사도들과 그 계승자들이 교회를 형성한 기간이다. 기독교 저술을 모아 교회의 동의 하에 신약 정경을 만들고, 312년에 콘스탄틴 황제가 "회심"했으며, 380년에 기독교가 로마 제국의 공식 종교로 인정되었다. 니케아공의회(Council of Nicea, 325년), 콘스탄티노플공의회(Council of Constantinople, 381년), 칼케돈공의회(Council of Chalcedon, 451년)에서 기독교의 기본 교의(敎義)들을 확립해 나갔다.

가장 중요한 교부인 어거스틴(Augustine, 354~430년)은 북아프리카에서 성장했고, 386년에 밀라노(Milan)의 한 정원에서 로마서(13:13~14)를 읽다가 회심했다. 387년에 어거스틴은 지금의 알제리의 안나바(Annaba)인 히포(Hippo)의 감독이 되었다. 어거스틴의 저작들은 바울의 로마서(5:12~14)를 근간으로 한 *원죄*의 교리, 바울에게 그랬던 것처럼 어거스틴에게도 베푸셨던 하나님의 값없이 주시는 *은혜의 선물, 삼위일체*의 "위"(位)들의 동등성, 하나님 은혜의 *통로*가 되는 교회에 관하여 교회론의 기틀을 마련했다. 바울 다음으로 어거스틴은 교회의 사상과 신학 형성에 다른 어떤 사람보다도 큰 영향을 끼쳤다.

중세시대

로마 제국은 기원전 753년에 로마가 세워져서 기원후 476년에 사라지기까지 천이백년 동안 지속되었다. 기원후 초기에 로마는 지중해 접경 지대 전부를 다스렸다. 로마가 가장 강대했던 트라얀 황제 (Trajan, 98~117년 제위) 때는 국경 지대가 약 320만 킬

로미터에 달했으며, 인구가 약 5천만 명에 이르렀지만, 극소수만
이 로마 시민권을 갖고 있었다. 410년에 서고트 족이 로마시에
들어와 약탈을 자행한 후 떠났다. 로마의 멸망은 곧 서로마 황제
의 멸망이었다. 동로마 혹은 비잔틴 황제는 콘스탄티노플(콘스탄
틴의 도시)에 수도를 두고, 천 년간 더 지속되다가 1453년에 오스
만 투르크(Ottoman Turks)에게 멸망당했다. 로마가 멸망한 이유는
약한 지도력, 도덕성 상실, 공격적이고 호전적인 주변 국가로부
터 스스로를 보호할 군대를 재정적으로 지원하고 유지할 능력
의 부재에 있었다. 로마가 멸망한 후, 약 천 년을 암흑의 시대라
고 부르는 사람들도 있지만, 많은 일들이 있었고, 특히 교회는
더 그랬다.

- **로마와 교황제도**. 로마의 교회는 기독교에서 가장 중요한
  교회였다. 로마 제국의 옛 수도에 위치했으며, 가장 큰 기독
  교 회중이 모였다. 로마교회의 뿌리는 순교하여 그 곳에 묻
  힌 베드로와 바울에게 거슬러 올라간다. (베드로의 유골이 성
  베드로교회 제단 밑에 있다고 한다.) 로마가 멸망했을 때, 로마
  교회는 유럽에서 권력을 장악한 기관이 되었다. 로마 교회
  는 수제자 베드로(마 16:18)가 로마의 후대 주교들에게 이 땅
  에서 그리스도의 대리인으로서의 권세를 넘겨 주었고, 로마
  의 주교에게는 다른 모든 주교들 위에 있는 권세를 주었다
  고 주장했다. 5세기에 로마의 주교는 라틴어로 아버지를 뜻
  하는 *파파*(papa)에서 유래한 *교황*(pope)이라고 불리기 시작
  했다.

- **가톨릭–동방정교회의 분열.** 로마의 서방교회와 콘스탄티노플의 동방교회 사이의 분열(혹은 분파)은 1054년에 일어났다. 서방과 동방 교회들은 거리상 (1,600km), 언어상 (서방교회는 라틴어, 동방교회는 헬라어 사용), 권위상 (서방교회는 교황을 따르고, 동방교회는 보편공의회를 따름) 나뉘어졌다. 게다가, 동방교회는 성상(聖像, 교육과 기도에 필요한 예수, 성모 마리아, 성인들의 그림들)을 존중하는 반면, 서방교회는 "조각상"에 불과하다고 보았다. 동방교회는 성체 때 무교병을 사용했으며, 사제들은 결혼할 수 있었다 (서품식 이전에는 가능하나 후에는 할 수 없다). 1054년 교황 레오 4세(Leo IV)는 콘스탄티노플의 총대주교 세룰라리우스(Cerularius)를 월권했다는 이유로 파문했다. 세룰라리우스도 이에 응대했다. 그래서 교회는 로마에 충성하고 보편적인 혹은 만민의 교회라는 의미의 *로마 가톨릭교회*와 진실한 혹은 올바른 믿음이라는 의미의 *정교회*로 나뉘어졌다.

- **십자군** (1095~1291년). 십자군은 638년 이래로 이슬람교도의 지배 하에 있었던 성지에서 이슬람교도를 축출하겠다는 일련의 크고 작은 출정들이었다. 교황 우르반 2세(Urban II)는 1095년에 십자군에 참여하는 자들에게 과거의 모든 죄를 전부 용서해 주겠다는 약속을 하면서 첫 번째 십자군 전쟁을 시작했다. 첫 번째 십자군 전쟁이 가장 성공적이었다. 1099년에 예루살렘을 탈환한 것이다. 그러나 1187년에 다시 빼앗기고 만다. 다른 십자군 전쟁들은 성공적이지 않았다. 십자군들이 성지를 탈환하기보다는 약탈과 겁탈에 눈독을 들이

면서 많은 십자군 전쟁들이 불명예 속에 끝났다.

- **토마스 아퀴나스** (Thomas Aquinas, 1225~1274년). 토마스 아퀴나스는 이탈리아의 나폴리 근처에 있는 아퀴노(Aquino)에서 성장했다. 재기가 뛰어나고 신앙이 깊었던 아퀴나스가 1244년에 도미니크수도회에 입단했을 때 귀족이었던 그의 집안은 크게 실망했으나, 그는 가톨릭교회에서 가장 위대한 철학자이자 신학자가 되었다. [1880년에 교황 레오 8세(Leo VIII)는 아퀴나스를 모든 가톨릭 학교와 대학의 수호성인으로 삼았다.] 아퀴나스는 성경 신학(믿음)과 자연 신학(이성)의 통합을 이루려고 시도했다. 이성을 사용하여 하나님을 아는 것이 가능하다고 생각했다. 예를 들어, 하나님이 존재하신다는 다섯 가지 "증거들"이 있다: 물리적 운동, 원인(제 1동자), 완전성, 가능성과 필연성, 설계.

- **수도원 생활.** 교회가 제도화되면서 나타난 것 중에 하나가 수도원인데, 1139년 제 2차 라테라노공의회(Lateran Council)에서 사제 및 소명받은 사람들을 위한 규칙과 규범으로 정한 기도, 공부, 명상, 금식, 독신의 생활을 하면서 예수님께 개인적인 헌신을 보여 드리는 것이다. 수도원 공동체는 300년대 이집트에서 시작되었다. 수도원 공동체는 서구 수도원 공동체의 "대부"인 (이탈리아) 누루시아의 베네딕트 (Benedict of Nursia) 때에 가장 융성했다. 성베네딕트의 규칙(The Rule of Saint Benedict)은 공동체 생활, 기도, 공부, 매일의 노동에 관한 규칙으로 오늘날까지 수도사들의 생활양식이 되었다. [*수도사*란 단어는 "혼자 사는 사람"이라는 의미의 라틴어 *모나코스*

(monachos)에서 유래했다.]

종교개혁

종교개혁—교회를 "개혁"하려는 노력—으로 인해 서방교회는 가톨릭과 개신교로 나누어졌다. 개혁파들은 교회의 여러 측면들에 대해 "대항하였다": 교황에게 모든 권력이 집중되는 *교황제도*와 *교황청* (교회들을 관리하기 위한 기구), 사제들의 *부도덕*과 *타락* (어떤 사제들은 자신들의 지위를 이용해 개인 축재를 했다), 교회의 *억압* (가장 폭력적이었던 것은 스페인의 종교재판), 로마에 성베드로대성당을 짓는 재원을 충당하기 위해 교회가 *면죄부*를 판매[면죄부에는 가톨릭에서 영혼이 천국에 들어가기 전에 용서받지 못한 경죄들을 정결하게 하기 위해 머무는 연옥(煉獄)에서의 시간을 단축해 주는 "사면"이 적혀 있다]. 종교개혁의 또 다른 이면에는 로마의 지배에 도전하는 민족주의의 성장이 있었다. 독일과 유럽의 다른 왕자들과 영국의 헨리 8세(Henry Ⅷ) 같은 군주들이 이러한 도전을 주도했다.

- **마틴 루터** (1483~1546년). 종교개혁을 공식적으로 발화시킨 사건은 비텐베르크대학의 신학과 교수인 마틴 루터가 1517년 10월 31일에 독일의 비텐베르크의 캐슬교회 문에 그 유명한 *95개 조항의 면죄부 반박문*을 붙인 것이다. 복사본이 독일 전역에 뿌려진 루터의 반박문은 면죄부 "판매" 중에 있었던 폐해를 논의하러 교회에 모이자는 것이었다. 루터는 그리스도에 의한 그리스도를 통한 죄의 용서를 믿었기에 교회

에 돈을 지불할 필요는 없다고 생각했다. 루터는 성명을 철회하라는 압력을 받았다. 그는 거절했고, 이단이라는 판결과 함께 파문당했다 (그는 교회의 성례전을 부인했다). 루터의 가르침은 하나님의 *은혜*로 족함을 강조했다. 구원의 유일한 길은 *믿음*이고, 믿음과 생활의 유일한 기준은 *성경*이며, 세상의 유일한 *구세주*는 그리스도이다. "오직 은혜, 오직 믿음, 오직 말씀 그리고 오직 예수"로 요약된다.

- **존 칼빈** (John Calvin, 1509~1564년). 종교개혁의 또 다른 위대한 인물은 프랑스인 존 칼빈이다. 그는 루터보다 25년 연하인 2세대 개혁자였으며, 프랑스어를 사용하는 제네바(Geneva)에서 살았다. 그는 개혁 사상을 체계적으로 주장한 「기독교 강요」(Institutes of the Christian Religion)로 종교개혁에 큰 기여를 했다. 칼빈은 1536년부터 1559년까지 네 번에 걸쳐 「기독교 강요」를 수정하고 자세한 설명을 덧붙였다 (초판이 탈고되었을 때 칼빈의 나이 겨우 27세였다). 칼빈 생전에 그리고 사후에, 제네바는 비독일계 개신교 세계의 중심이 되었다.

- **개신교와 가톨릭의 차이점.** 종교개혁의 사상과 로마 가톨릭의 차이점은 다음과 같다: 첫째, 개혁 신학은 *오직 성경*(sola Scriptura)에만 기반을 두었다. 반면, 가톨릭 신학은 교부들의 가르침에도 동등한 무게를 둔다.

  둘째, 개혁자들은 성경을 사람들이 읽을 수 있도록 자국어로 번역했다. 반면, 가톨릭 성경은 오직 라틴어로 기록되어 있고 교회가 유일한 통역이다.

  셋째, 개혁자들은 구원이 "은혜를 인하여 믿음으로 말미암아” (엡 2:8) 얻게 되는 것이라고 가르쳤다. 반면, 가톨릭교회는 교회가 성례를 통하여 구원이 사람에게 임하는 배타적인 통로라고 주장했다.

넷째, 개혁자들은 “만인제사장설”을 믿었는데, 이는 성직자와 평신도의 구분을 없앤 것이다.

다섯째, 개혁자들은 사제들이 고해성사를 통해 죄를 사해 주는 것은 성경적인 근거가 없다고 보았다. 대신 각 사람은 예수님을 통하여 직접적으로 하나님께 나아갈 수 있음을 강조했다 (딤전 2:5).

- **네 가지 종교개혁.** 개신교 종교개혁은 *한 번의* 종교개혁이 아니라 *수차례의* 종교개혁이 있었고, 다양한 형태로 표현되었다. *루터교*는 마틴 루터의 가르침을 기반으로 했다. *칼빈주의*는 루터교보다 더욱 더 “개신교적”인데, 존 칼빈의 가르침을 기반으로 했으며, 교회 행정조직이나 성만찬 및 몇몇 문제들에 있어서 루터교와 다르다. *영국의 종교개혁*은 적어도 시작점에서는 신학보다는 정치적인 문제였다. 헨리 8세 (1509~1547년 제위)는 그의 왕위를 이을 남자 후계자를 원했다. 그의 아내인 스페인 출신의 캐서린(Catherine of Aragon)은 40대였고, 아들을 낳을 기미가 보이지 않았다. 그래서 그는 1533년에 아내와 이혼했다. 가톨릭 교회법으로는 이 이혼이 허락되지 않았고, 헨리는 파문당했다. [캐서린의 조카 찰스 5세 (Charles V)가 성로마의 황제였고 교황의 동맹주였다.) 1534년에 영국의회는 왕을 영국교회의 수장으로 삼았다.

급진적 종교개혁은 루터와 칼빈보다 한 걸음 더 나아갔

다. 급진적 종교개혁의 지도자들은 단순하고 덜 성례적인 예배 형태와 교회 행정의 조합 제도를 원했다. 급진적 종교개혁자들로는 영국교회에서 가톨릭적인 면모를 "정제"(精製)하려는 *청교도,* 영국교회로부터 분리되어 미국에서 회중교회를 세웠던 *분리파,* 신앙고백을 한 후에 침례로 세례를 받는 *침례교회,* 주님의 말씀 앞에서 "떨어야만" 한다고 주장하는 프렌드회 혹은 *퀘이커교도,* 성경에 입각한 "삶의 방식"을 따라야 한다고 믿는 *감리교*들이 있다.

- **트렌트공의회.** 개혁 운동이 뿌리를 내리고 확장되기 시작할 때, 가톨릭교회는 이를 정면 대응할 수밖에 없었고, (북이탈리아에서) 트렌트공의회를 소집했다. 트렌트공의회에서는 1545년부터 1563년에 걸쳐 세 번의 긴 회의가 열렸다. 공의회는 개혁자들이 도전한 가톨릭의 교리들을 재천명했고, 교회에 대한 교황의 권위를 확장했으며, 면죄부 판매를 포함하여 몇몇 폐해들을 비난하고 폐기했다.

기독교 선교

교회사의 선교 활동에는 네 번의 중요한 시기가 있었다. 첫 번째는 예수님이 죽으시고 나서 콘스탄틴이 회심할 때(312년)까지의 시기인데, 기독교가 소규모 팔레스타인 분파에서 로마 제국 주민의 약 10%를 차지하는 신앙 공동체로 변모하였다. 두 번째는 중세기 전반부에 유럽이 기독교화 될 때였다. 세 번째는 1500년대에 아메리카와 극동을 발견하면서 일어났던 선교 활동이다.

네 번째는 1800년대에 인도와 아프리카와 중국 내부에 선교사들을 파송할 때였다. 바다 건너 기독교가 확장되는 이면에는 실크, 향료, 무역품, 금과 은을 얻고자 하는 열망이 원동력이 되었다.

종교개혁 이후에 수년 동안 가톨릭교회는 유럽 내에서 개신교에게 잃어버린 신도 수보다 더 많은 회심자들을 유럽 밖에서 얻었다. 가톨릭교회의 성공에는 두 가지 이유가 있었다. 첫째, 스페인과 포르투갈의 거대한 해군력이 가톨릭 편이었다. 둘째, 가톨릭교회에는 예수회, 도미니크수도회의 수사들 등 훈련된 선교 "군대"가 있었는데, 그들은 콜럼버스(Columbus)와 같은 선장들과 함께 항해했었다.

가톨릭 선교 운동은 1540년대에 스페인 예수회였던 프란시스 사비에르(Francis Xavier, 1506~1552년)가 인도 고아(Goa)에 복음을 전함으로 시작되었다. 개신교 선교 운동은 영국의 침례교인인 윌리엄 케리(William Carey, 1761~1834년)가 1800년대 초기에 인도 캘커타(Calcutta)에 복음을 전하고, 허드슨 테일러(J. Hudson Taylor)가 1800년대 후반에 복음을 들고 중국 내륙 지방에 들어가면서 시작되었다. 20세기 말 그리스도인이 20억 명(세계 인구의 33%)으로 추산되고 있다. 「기독교세계백과사전」(Christian World Encyclopedia, 2001)에 따르면, 대략 가톨릭이 50%, 개신교가 40%, 동방정교회가 10%를 차지한다.

오순절교회

지난 수백 년간 기독교에서 가장 의미심장한 발전은 오순절교회로, 1900년대 초에 미국에서 시작되었다. 교회 인구 통계 학자 데이빗 바레트(David Barrett)에 따르면, 2000년 1월에 오순절교회와 카리스마파(Charismatics) 신도수가 5억 2천4백만 명에 달했다(전 세계 그리스도인의 25%). 오순절교회가 폭발적으로 성장한 이유는 많은 사람들이 좀 더 경험적인 믿음을 원하기 때문이다. 오순절교회(예수님의 죽음 이후 첫 번째 오순절에 성령이 오셨기 때문에 오순절교회라고 명명함)는 *방언*하는 것이 "성령세례"의 표시라고 믿는다. 오순절교회와 긴밀하게 공동 전선을 펴는 카리스마파는 "은사"를 뜻하는 헬라어에서 왔는데, 주류에 속하는 교회 및 다른 교회들에 속해 있다. 그들 또한 성령의 은사를 강조하기는 하지만, 성령의 유일한 증거로 방언만을 고집하지는 않는다.

기독교 교리와 믿음

기독교의 양보할 수 없는 궁극적인 믿음은 무엇인가? 초대 교회는 이 문제를 논의했고, 사도신경이나 니케아신경과 같은 신앙고백이 나왔다. 기독교의 믿음을 더 잘 이해하고 신경(信經)을 통해 더 잘 표현할 수 있다면, 우리는 더 큰 확신을 가지고 믿음을 나눌 수 있을 것이다.

하나님 우리 아버지: 능력과 사랑이 무한하심

기독교 신학은 무엇보다도 하나님과 관련이 있다. 기독교의 신앙고백은 경험적으로 증명될 수 있는 그 무엇이라기보다는 "나는 하나님 아버지를 *믿습니다*"라는 믿음의 표현이다.

• 하나님을 아는 지식. 우리는 네 가지 방법을 통해 하나님을 아는 지식을 얻게 된다. 첫째, 우리는 하나님을 *창조물을 통*

해 알 수 있다. 우리를 둘러싼 세계를 관찰하면서 이론적으로 논증해 볼 때, 우리는 우주의 창조자가 있다는 결론에 도달한다. 무(無)에서 유(有)가 나올 수 없다. 분명히 첫 번째 원인이 있었다. 둘째, 우리는 하나님을 *섭리*로 알 수 있다. 하나님께서 애굽에서 이스라엘의 부르짖음을 들으셨고 그들을 구원해내신 것처럼 자신의 백성들을 위해 "예비"하신 것이다. 셋째, 우리는 하나님을 *인간의 양심*으로 알 수 있다. 양심은 옳고 그름을 분별하는 인간의 정신 세계이며, 우리에게 옳은 일을 하고 그른 일을 하지 말라고 권고한다. 네 번째이자 가장 중요한 것은 우리는 하나님을 *예수님*을 통해 알 수 있다. 예수님은 "보이지 아니하시는 하나님의 형상"(골 1:15)이며, 쇠렌 키에르케고르(Sören Kierkegaard)는 그를 가리켜 "무한이 유한이 되셨다"라고 말했다.

- **하나님의 속성.** 사람들은 하나님을 생각하면서 명확한 것을 원한다. 우리가 어떻게 영이신 하나님(요 4:24)을 형상화할 수 있을까? 한 가지 방법은 마치 미켈란젤로(Michelangelo)가 하나님과 아담을 로마의 시스틴성당(Sistine Chapel) 천장에 그린 것처럼 의인화된 상태로 하나님을 생각하는 것이다. 또 다른 방법은 하나님의 속성과 특질을 깊이 생각하는 것이다. 하나님은 *영원*하시다: 모든 것이 하나님으로부터 시작되었다. 하나님이 "존재하지 않으셨던" 때는 없었다: "영원부터 영원까지" (시 90:2) 계신다. 하나님은 *전능*하시다: "기뻐하시는 일"(시 135:6)은 무엇이든지 하실 수 있다. 하나님은 편재하시기에, 어디에나 동시에 계신다 (시 139:7~12).

하나님은 전지하셔서, 과거와 현재와 미래의 모든 것을 온전히 완벽하게 알고 계신다 (히 4:13). 하나님은 *조물주*이시다: 우주와 다양한 모습의 생물들을 창조하셨으며 (창 1:1~26), 이미 존재하던 것을 만든 것이 아니라 무에서 창조하셨다. 하나님이 창조하시기 전에는 하나님 외에는 아무 것도 없었다. 하나님은 초월적이면서도 *내재*하시는 분이시다: 우주의 창조에서 보듯이 모든 것을 초월하여 존재하시지만, 이스라엘 백성을 애굽에서 인도하신 일이나 나사렛 예수로 오신 것처럼 현존하시고 활동적이시다. 하나님은 *인격적*이시다: 하나님은 사물이 아니라 우리와 관계를 맺기 원하시는 인격체이시다. 하나님의 인격적 속성은 사랑, 자비, 긍휼이다.

- **삼위일체 하나님.** 기독교에는 두 가지 큰 신비가 있다. 하나는 *성육신*으로 하나님께서 나사렛 예수라는 사람으로 인간의 역사 가운데 들어오셔서 우리의 죄를 위해 희생제물로 대신 죽으셨다는 교리이다. 또 하나는 *삼위일체*로, 하나님이 우리에게 세 가지 "위"(位)로 오신다는 교리이다. *성부*는 하늘과 땅과 생물을 충만하게 종류별로 창조하셨다. *성자*는 보이지 아니하시는 하나님을 드러내고, 우리와 하나님과의 관계, 사람들과의 관계를 회복하기 위해서 오셨다. *성령*은 우리를 믿음으로 부르사 거듭나게 하시고 정결하게 하신다. 삼위일체는 무지개와도 같다. 각각의 색은 서로 다르지만 모두 한 무지개의 일부이다.

죄: 인간의 곤경

남자와 여자는 하나님의 창조물 중에 꽃이었다. 그러나 인류의 첫 번째 "조상"은 죄에 빠졌다. 인류는 서로 연결되어 있기 때문에—어거스틴은 우리 모두가 하나의 "집합체"라고 말했다—그들의 "자손"인 우리도 역시 죄에 빠졌다.

- **죄의 교리**. 죄는 신학적인 개념이다. 하나님의 법과 뜻에 불순종하는 것이다. 죄를 뜻하는 헬라어는 *하마르티아*(hamartia)인데, "과녁을 벗어나다"라는 의미이다. 선을 넘어가거나 선에 근접하지 못했을 때 우리는 과녁을 벗어난다. 여기서 과녁이나 선이란 무엇일까? 한 마디로, *사랑*이다. 하나님을 온 마음으로 사랑하지 않을 때, 하나님의 뜻과 명령에 불순종할 때 (요일 5:3), 다른 사람들에게 사랑과 동정을 보이지 않을 때 우리는 죄를 짓는다. 죄의 교리는 두 가지 측면이 있다. 첫째, 우리의 타고난 죄성은 때로 "자범죄"라고 말하는 죄악된 행동을 불러온다. 우리는 죄를 짓기 때문에 죄성이 있는 것이 아니라 죄성이 있기 때문에 죄를 짓는다. 둘째, 그리스도는 우리가 죄로 "멸망"하지 않도록 우리를 죄에서 구속하려고 죽으셨다.

- **원죄**. 죄와 악의 기원은 생명의 기원 다음으로 가장 불가사의한 것이다. 죄는 어디서 왔는가? 인간은 어떻게 악하게 되었는가? 대부분의 종교에는 죄의 교리가 있다. 죄가 주체할 수 없는 욕망에서 온다고 믿는 사람들도 있고, 인간은 중립

적으로 태어나는데 선과 악의 영향력으로 어느 한 곳으로 가게 된다고 믿는 사람들도 있다. 기독교는 죄가 인간 상태의 일부분이고, 역사 이래로 그래왔다고 믿는다. 오늘날 우리는 어디서나 죄와 악의 실제를 목격한다. 테러와 폭력, 마약과 해로운 물질들의 사용, 배우자와 아동 학대, 정계와 재계의 타락, 인종 갈등. 영국의 작가 체스터튼(G. K. Chesterton)은 그의 영적 자서전 「정통성」(Orthodoxy)에서 죄는 누구도 논쟁할 수 없는 하나의 기독교 교리이며, 아침 신문을 읽어 보기만 하면 된다고 말했다. 지금은 텔레비전으로 저녁 뉴스를 보기만 하면 된다고 말해야 할지도 모른다.

우리는 아담과 하와의 이야기를 어떻게 이해해야 할까? 그 이야기들이 역사적으로 틀림없는 사실이고, 창세기 3장을 죄가 아담과 하와의 불순종을 통해 이 세상에 들어온 이야기로 믿기도 한다. 이 이야기는 바울이 로마서 5장 12~14절에서 자세히 설명하고 있다. 또 한편으로는 이 이야기 자체가 예수님의 비유처럼 (*실제로 선한 사마리아인은 없었다*) 진리를 담고 있어서, 아담과 하와의 "타락"을 논란의 여지가 없는 진리를 시사하는 이야기라고 믿기도 한다. 남자와 여자는 죄성을 가진 타락한 창조물이며, 시간이 시작된 이래로 그래왔다. 그러나 정작 문제는 어떻게 죄가 인류에게 들어왔는가가 아니라 죄의 끔찍한 결과에 있다. 우리가 어떻게 이 곤경에 들어왔는가가 아니라 어떻게 빠져나갈 것인가이다. 기독교의 해답은 예수 그리스도이시다. 그는 그를 믿고 신뢰하는 자들의 죄를 위해 자신의 생명을 "대속물"(막 10:45)로 주셨다.

예수 그리스도: 주님이며 구원자

모든 종교인들이 궁금해 하는 근본적인 질문은 사도행전에 나오는 빌립보 간수의 질문이다: "어떻게 하여야 구원을 얻으리이까?" (행 16:30) 바울은 간수에게 대답했다, "주 예수를 믿으라. 그리하면 너와 네 집이 구원을 얻으리라" (행 16:31).

- **예수님의 동정녀 탄생.** 성령의 힘으로 동정녀 마리아의 태안에 예수님이 수태되신 이야기는 마태복음과 누가복음에 나와 있다. 예수님의 동정녀 수태를 *증명*하고 있지는 않다. 오히려, 시작부터 예수님이 인간으로 오신 하나님이심을 *선포*하고 있다. "모든 일을 근원부터 자세히 미루어" (눅 1:3) 살펴서 복음서를 쓴 누가도 마리아가 예수님을 수태하고 출산한 것을 50년대 후반에 바울이 가이사랴 옥중에 있을 때 가이사랴에 있으면서 알게 되었을 것이다 (마리아는 60대까지 산 것으로 생각된다). 오늘날 동정녀 탄생은 많은 사람들에게 걸림돌이다. 심지어 많은 그리스도인들에게도 넘기 힘든 것이다. 영국의 신학자 케이스 워드(Keith Ward)는 탄생설화의 진실성에 대한 가장 격렬한 논쟁거리는 결혼하지 않은 처녀에게서 출생한 사생아가 유전적으로 다윗 왕의 후손인 메시야라는 주장이 유대인의 귀에 그렇게 거슬렸다면, 왜 그런 이야기가 나왔는지 알기가 어렵다는 것이라고 말했다.
- **예수님의 구속의 죽음.** 20세기 영국의 소설가 도로시 세이어즈(Dorothy Sayers)는 기독교에 넓고 깊은 골이 있음을 부인

할 자는 아무도 없지만, "그 골은 가톨릭과 개신교 사이에 있는 것이 아니라 구원이 하나님으로부터 왔다고 믿는 사람들과 구원이 인자로부터 왔다고 믿는 사람들 사이에 있다"고 말했다. 기독교는 "은혜로 인하여 믿음으로 말미암아" (엡 2:8) 구원받는다고 믿는다. 이 방정식에서 절반은 *은혜*("우리를 위한" 예수님의 죽음)라는 하나님의 선물이며, 이 선물은 값없이 주어진다. 구원을 얻기 위해 우리가 할 수 있는 일도 없고, 우리를 구원하시기 위해 하나님이 해야 할 일도 없다. 이 방정식의 나머지 절반은 "믿음으로 말미암아" 우리를 위한 예수님의 죽음을 받아들이는 것이다. [20세기에 가장 영향력 있는 신학자 칼 바르트(Karl Barth)는 신약에서 가장 중요한 단어가 "위하여"라는 의미의 헬라어 *후페르*(huper)로, 우리의 죄를 위한 예수님의 대속적인 죽음을 가리킨다고 말했다.] 신학자들은 우리를 위한 예수님의 죽음을 *속죄*라고 말한다. 속죄를 이해하기 위해서는 고대 이스라엘로 거슬러 올라가야만 한다. 고대 이스라엘에서는 제사장들이 동물을 희생해서 사람의 죄를 덮었다 (레 1~7장). 이사야 선지자는 자신의 몸으로 사람의 죄를 지실 분이 오실 것이라고 말했다 (사 53:12). 예수님은 제자들에게 이 예언이 "내게 이루어져야 하리니"(눅 22:37)라고 말씀하셨다. 우리는 예수님의 죽음이 과거와 현재와 미래의 구원에 족한 것을 믿고 신뢰하고 고백함으로 그리고 예수님의 주권 아래 삶으로 하나님의 구원하는 은혜의 선물을 받아들인다.

- **예수님의 육체적 부활.** 예수님 전후로 자칭 메시야 활동들

이 많았다. 그들 모두는 창시자의 죽음과 더불어 무너졌다. 왜 "예수님의 활동"은 살아남았는가? 왜 살아남았을 뿐만 아니라 더 *융성해졌는가?* 한마디로, 그 답은 예수님의 부활이다. 예수님이 부활하셨다는 증거는 무엇인가? 첫째, *빈 무덤*이다. 만약 유대인들이 예수님의 시신을 내보였다면 예수님이 죽은 자 가운데서 살아났다는 제자들의 주장은 끝났을 것이다. 둘째, *예수님이 부활하셨다는 증언들*이다. 신약에는 부활하신 예수님에 관하여 열두 가지 이야기가 담겨 있다. 만약 예수님이 무덤에 계신다면, 그 누구도 시골 갈릴리 출신의 유대인 촌부가 십자가에서 처형당한 이야기를 쓰는 데 시간과 노력을 낭비하지 않았을 것이다. 셋째, *제자들이 증인*이다. 그들은 예수님이 체포되었을 때에 모두 도망쳤으나 오순절 이후에 은신처에서 나와 그의 부활을 설교했다. 많은 사람들이 부활을 증거하다가 순교당했다. 거짓을 위해 자신의 목숨을 기꺼이 내놓을 사람은 아무도 없다. 넷째, 빈 무덤을 발견한 사람들은 *여인들*이었다. 1세기에는 여자들을 믿을 만한 증인으로 여기지 않았다. 복음서 저자들이 이야기를 꾸며낸 것이라면 첫 번째 목격자로 여자가 아니라 남자를 내세웠을 것이다.

성령: 우리의 믿음을 온전하게 하시는 이

"영"을 의미하는 고대 영어 *개스트*(gast)에서 유래한 성신 혹은 성령은 삼위일체의 세 번째 위이다. 성령은 모호한 "어떤 것"이나

"힘"이 아니라 *인격체*이다. 성령이 하시는 일 중에 하나는 믿는 자들에게 특별한 *은사*를 주시는 것이다. 20여 가지 성령의 은사가 신약에 있다 (고전 12:8~11, 롬 12:6~8 참조). 또한 믿는 자들을 "다시" 혹은 "새롭게" 혹은 "위로부터" 나게 하시는 *거듭남*의 역사를 인도하시고, 믿는 자들이 거룩하게 성장할 수 있도록 계속적으로 *정결하게 하시는* 일을 하신다. 성령을 어떻게 받을 수 있을까? 성찬식을 행하는 교파들은 대부분 세례 때 성령을 받는다고 생각한다. 또 어떤 사람들은 성령을 받는 데 꼭 필요한 절차로 예수님을 주님과 구원자로 사람들 앞에서 고백해야 한다고 믿는다.

교회: 기준 그리고 성례전

니케아신경에는 교회의 네 가지 기준이 나온다. 즉, 교회는 *하나*이며 (one, 그리스도의 주되심 아래서 한 몸), *거룩하고* (holy, 기독교의 사역을 위해 구별됨), *포용하며* (catholic, 보편적임), *사도적 사명*(apostolic, 예수님을 전파하기 위해 부르심을 받음)을 갖고 있다. 성례 교회들은 성례가 은혜의 "통로"라고 믿는다. 벨기에의 도미니크수도회의 신학자 에드워드 쉴레비크스(Edward Schillebeeckx)는 "우리가 보이는 예수님을 통해 하나님을 만난 것처럼, 보이는 성례를 통해 예수님을 만난다"라고 말했다. 교회는 오랫동안 "복음서 성례"라는 예수님이 세우신 두 가지 성례전을 인정해 왔다: *세례* (마 28:19)와 *성찬식* ("감사"), 또는 *영성체*와 *성만찬식*(눅 22:19)이라고도 한다. 덧붙여, 가톨릭과 동방정교회에서는 세례 때 부모와 대부모의 서약을 확인하는 *견진성사*, 세례받은 후에 죄를 용서받는다는 고해라고 했던 *고해성사*, 하나님 앞에서 남자와 여자가 함께 서약하는 *혼배성사*, 사역을 위해 구별된 사람들의 성직 서품식인 *신품성사*, 병자를 위한 *종부성사*가 있다.

종말

역사는 어디로 향하는가? 그리스 사관(史觀)은 역사가 계절처럼 순환한다는 것이었다. 동양 사관에서 역사는 환영(幻影)이다. 세속의 사관은 서로 연관이 없는 무의미한 사건들이 모여진 것이 역사이다. 기독교의 사관은 역사가 종말을 향해 가고 있고, 종말에는 예수님이 재림하여 믿는 모든 자들을 일으켜 영원한 생명을 주신다는 것이다. 그의 재림은 *약속하신 것*이고 (요 14:3), 사람들이 *예언한 것*이며 (히 9:28), 모든 신앙고백들이 *고백하는 바*이다. 예수님은 언제 다시 오시는가? 이에 관해 끊임없이 예언들이 나왔지만, 예수님은 "오직 아버지만이" 아신다고 말했다 (막 13:32).

- **전 인류의 부활과 심판.** 인류의 종말에는 존재했던 *모든 사람들의 부활*이 있고, 그 후에 *최후 심판*이 있을 것이다. 어떤 심판인가? 예수님을 믿었던 자들은 영원한 생명을 얻을 것이고, 믿지 않았던 자들은 영원한 형벌을 받을 것이다. 그러나 어떤 사람들은 복음을 전혀 듣지 못했던 사람들—유아기에 죽은 아이들, 정신지체 장애우들, 세상에서 고립되거나

외딴 지역에 살았던 사람들—이 영원한 고통과 고난을 겪게 되는 것은 사랑과 자비의 하나님과는 양립하지 않는다고 주장한다. 그들은 자신들의 잘못 때문이 아니라 복음을 듣고 깨닫고 고려할 기회가 없었던 사람들을 위해 예비하심이나 다른 대안이 있어야 한다고 생각한다.

- **중간 상태.** 죽었을 때 그리고 죽고 나서 모든 사람들이 부활할 때까지 무슨 일이 생기는가? 죽음에 관해서 그리스도인들은 서로 다른 견해들을 갖고 있다. 어떤 사람들은 예수님이 십자가에서 강도에게 말씀하신 것을 근거로 육체와 영혼 모두 낙원에 갈 것이라고 믿는다. "오늘 네가 나와 함께 낙원에 있으리라" (눅 23:43). 어떤 사람들은 영혼이 육체에서 분리되어 육체가 부활할 때까지 계속 살 것이라고 믿는다. 또 어떤 사람들은 온전히 죽고 나서 부활할 것이라고 믿기도 한다. 가톨릭에서는 경죄(輕罪)를 짓고 죽은 자들은 연옥에 가서 영혼을 정결하게 한다고 믿는다. 죽음과 마지막 부활 사이를 중간 상태라고 하며, 신약에서는 이 중간 상태가 "그저 속삭임 같다"고 말하고 있다. 영혼은 계속 살아 있다고 주장하는 신학자들은 예수님이 부활하셔서 믿는 자들을 모으실 때까지 영혼이 영원하지만 불완전한 곳에 간다고 생각한다. 그리고 나서 영혼은 새롭게 부활한 육체를 입게 된다고 하는데, 이것 또한 논쟁이 계속되고 있다.

- **내세의 삶.** 신학자 패커는 "천국은 그리스도인들의 최후의 소망을 간략하게 말하는 것이다"라고 한다. 천국은 삼위일체 하나님께서 "거하시는" 곳이다. 또한 천사들과 구속함을

받은 모든 사람들이 거주하는 곳이다. 천국에서의 삶은 어떨까? 우리가 알고 있는 것은 질병이 없는 새로운 육체를 입게 된다는 것이다 (고전 15:35~44 참조). 사랑한 사람들을 알아보게 될까? 사도신경은 성령 안에서 성령을 통해 모든 믿는 자를 하나로 묶는 "거룩한 공회"를 믿는다고 고백한다. 이것을 미국의 신학자 스프롤(R. C. Sproul)은 그의 저서 「좋은 질문이군요!」(Now, That's a Good Question!)에서 우리가 "그리스도 안에" 있는 모든 사람들과 교제를 나눌 것이라는 의미로 이해한다. 천국에 대해 우리가 무엇을 더 이야기 할 수 있을까? "하나님이 자기를 사랑하는 자들을 위하여 예비하신 모든 것은 눈으로 보지 못하고, 귀로도 듣지 못하며, 사람의 마음으로도 생각하지 못하였다"(고전 2:9)라고 말할 수 있을 뿐이다. 루이스 제이콥스(Louis Jacobs)는 "이 세상의 사람들이 내세의 본질을 파악하려고 노력하는 것은 날 때부터 눈이 보이지 않는 사람이 자연의 색을 파악하려는 것과 같다"라고 말했다. 그러므로 더 이상 말하는 것은 불가능하다.

천사, 사탄, 귀신

현대 세계는 천사, 사탄, 귀신을 미신으로 치부해 버리고 그 존재를 믿는 사람들을 고지식하다고 생각하지만, 성경은 그들에 대해 많은 이야기를 하고 있다.

천사는 성경책 절반 이상이 언급하고 있다. 천사는 무엇이며,

그들은 어떤 역할을 하는가? 천사는 육체가 있는 존재가 아니라 영적 존재이다. 창조물이기는 하지만, 영원불멸하다 (눅 20:34~36). 주로 남성적으로 표현되고 있지만, 성별이 없다. 그들의 존재 목적은 하나님의 사자로 활동하는 것이다—천사란 말은 "사자"를 의미하는 헬라어에서 유래한다. 천사 가브리엘은 성전에서 사가랴에게 (눅 1:11~20), 나사렛에서 마리아에게 (눅 1:26~38) 말을 전했다. 천사들은 지금도 활동하는가? 그들이 성경 시대에만 활동했다고 믿을 만한 성경적인 근거는 없다. 믿는 자들의 안위를 보호하고 지키는 "수호천사" 같은 것도 있는가? 마태복음에서 예수님은 제자들에게 "*저희 천사*들이 하늘에서 하늘에 계신 내 아버지의 얼굴을 항상" 뵈옵기 때문에 소자 중에 하나도 업신여기지 말라고 말씀하신다 (마 18:10). 그러나 이 이상의 언급은 없다.

사탄은 "사물"이 아니라 지력과 의지가 있는 활발한 영적 존재이다. 그의 임무는 하나님의 사람들을 공격하고 방해하는 것으로—*사탄*이라는 말은 "방해하는 것"이라는 의미의 히브리어에서 유래한다—광야에서 예수님에게 했던 것처럼 하나님의 사람들을 유혹하여 사탄과 악의 길을 따르게 한다. 씨 에스 루이스(C. S. Lewis)는 마귀를 너무 심각하게 받아들이는 사람들이 있는가 하면, 충분히 진지하게 생각하지 않는 사람들도 있다고 말한다.

천사가 하나님의 대리인인 것처럼 귀신은 사탄의 대리인이다. 신약에서 귀신은 종종 "더러운 영"으로 나온다. 마가복음에서 예수님은 가르치시던 가버나움 회당에서 한 남자를 사로잡고 있던 더러운 귀신을 꾸짖으셨다 (막 1:23~27).

타종교와 이단들

오늘날 많은 사람들이 서방 세계로 밀려들고 있다. 새로운 인생을 시작하려고, 이전에 와 있던 친지들과 다시 만나기 위해, 대학에서 공부를 하려고 온다. 그들이 올 때는 대부분의 그리스도인들이 잘 모르는 그들의 종교도 따라 온다. 이 장에서는 타종교와 이단들을 살펴보고 기독교와 비교해 볼 것이다.

힌두교: 인도의 종교

힌두교는 그 기원이 기원전 2000년으로 거슬러 올라가는 인도의 종교이며, 인도 인구의 85%가 힌두교도이다. 힌두교도의 숫자는 어림잡아 8억 1천만 명이고, 힌두교는 기독교와 이슬람교에 이어 세계에서 세 번째로 큰 종교이다. 힌두교는 창시자나 제도화된 형태를 갖고 있지 않다. 사원은 있지만, 예배를 위해 정해진 공식적인 날은 없다. 그리고 그들은 수많은 신들이 있다고 믿는다. 힌두교의 어두운 면은 사회 계급인 카스트 제도인데, 아리안 족(인도-유럽인)이 인도를 침입했던 1500년대부터 시작되었다. 크게는 네 개의 주(主) 계급이 있고, 그 안에 수많은 하위 계급들이 있다. 계급들은 대물림하며 한 번 정해진 계급은 일평생 바뀌지 않는다. 즉, 다른 계급으로 옮겨갈 수 없다. 계급이 없는 사람들은 "탈락자층"으로 사회 계급에서 추방된 사람들이다.

힌두교도들은 개인의 영혼인 *아트만*(atman)이 우주의 영인 *브라만*(Brahman)에 연결되어 있다고 믿는다. 현세에서 어떤 사람의 지위는 산스크리트어로 "행위"라는 뜻을 가진 *카르마*(karma)로 결정된다. 나쁜 카르마는 그 영혼이 다시 태어날 때 낮은 계급(동물, 식물, 곤충)으로 가게 하며, 좋은 카르마는 높은 계급(높은 카스트)으로 가게 한다. 힌두교도들의 목표는 개인의 영혼이 끝없이 태어나고 죽는 윤회에서 벗어나 한 방울의 물이 모여 바다로 흘러가듯이 우주의 영과 통합되는 것이다. 힌두교가 서양으로 들어오면서 하레 크리쉬나(Hare Krishna)가 되었다. *하레*는 "주"(Lord)를, *크리쉬나*는 *비쉬누*(Vishnu)의 *아바타* (avatar), 즉 비쉬누의 "신적 현현"을 의미한다. 비쉬누는 힌두교에서 주요한 세 신 중에 하나이다. 하레 크리쉬나는 카르마와 윤회는 믿지만, 다신(多神)이나 만신(萬神) 혹은 카스트 제도는 믿지 않는다.

불교: 중용

불교는 유일신이 없는 동양의 또 다른 종교이다. 불교는 지금의 네팔에서 기원전 566년에 태어난 싯다르타 고타마(Siddhartha

Gautama)가 창시했다. 고타마는 고통의 원인이 세속적이고 일시적인 것들에 대한 갈망과 욕망이라고 말했다. 평온과 평정의 길은 쾌감과 극기 사이, 방종과 금욕 사이의 *중용*(中庸)이다. 고타마는 *부처*(Buddha)라고 알려졌는데, 산스크리트어로 "깨달음"을 얻은 자라는 의미다. 그는 내세의 삶을 기다리기보다는 이생의 곤고와 고통을 피하기 위해 할 수 있는 일이 있다고 가르쳤다. 무엇을 할 수 있을까? 삶의 정수로써 지혜, 도덕, 명상을 받아들이고, *팔정도*(八正道)—정견(正見), 정사(正思), 정어(正語), 정업(正業), 정명(正命), 정근(正勤), 정념(情念), 정정(正定)—를 따르는 것이다. 팔정도를 통해 열반(涅槃)—고통의 원인이 되는 욕망의 불꽃을 "꺼버리다"라는 뜻의 산스크리트어에서 유래—에 이르고, 흩어져 사라지는 스치는 구름처럼 유한한 자아가 무한으로 흡수된다. 서양에서 가장 인기 있는 불교는 선(禪)불교이다. 선불교의 신봉자들은 전통적인 불교보다는 좀 더 빨리 *깨달음*(사토리, satori)을 얻기 위해 엄격한 규율에 따라 명상을 수행한다. 그래서 윤회의 바퀴에서 탈출하려고 한다. 오늘날 불교도는 3억 6천만 명이며, 불교는 세계에서 네 번째로 큰 종교이다.

이슬람교: 기독교의 가장 큰 경쟁자

*이슬람교*는 아라비아어로 하나님을 일컫는 *알라*(Allah)의 뜻에 "복종함"을 의미한다. 이슬람교는 거대하고 (12억 명의 신도), 전 세계에 퍼져 있으며, 급속도로 성장하고 있고, 재정 지원이 튼튼하며, 선교적 믿음을 갖고 있다. 이슬람교는 전 세계 약 60개국에서

주요 종교이자 삶의 방식이다. 그래서 다가올 세계의 갈등은 이슬람교와 기독교의 갈등이 될 것이라고 믿는 사람들도 있다. 우리는 이슬람교도라고 하면 아랍을 생각하는 경향이 있지만, 세계 10대 이슬람교 국가 중에 유일하게 이집트만이 아랍인이다. 이슬람교도는 *모스크*("부복의 장소")에서 예배하는데, 신도들—대개는 남자만, 적어도 대예배소에는 남자만—이 그룹으로 기도하기 위해 모인다. 기도회를 인도하는 *이맘*(imam, "앞에 서는 자")은 종교 훈련을 받은 자로서, 이슬람의 성일(聖日)인 금요일에 설교를 한다 (아마도 이슬람교를 유대교 및 기독교와 구분하기 위해 금요일이 선택되었을 것이다). 대부분의 모스크에는 예배 때 신도들을 부르는 첨탑이 있고, 청정(淸淨) 의식을 행하는 샘물이나 수반이 있으며, 코란과 이슬람교 율법을 가르치는 교육실이 있다.

이슬람교는 크게 *수니파*(Sunnis)와 *시아파*(Shi'ites)의 두 그룹으로 나뉜다. 이슬람교 신도들의 85%를 차지하는 주류는 수니파지만, 더 주목을 끄는 것은 시아파—좀 더 눈에 띄며 시끄러운 근본주의자들—이다. 수니파는 마호메트(Muhammad)의 *수니*(Sunna: 관행)를 따르고, 마호메트가 속해 있었던 쿠라이시부족 출신의 *칼리프*(caliphs: 계승자 혹은 대표자)가 이끈다. 시아파는 마호메트의 사촌이자 사위인 *알리*(Ali)의 계보를 따른다. 그들은 알리의 후손이 진정한 후계자라고 믿고 있으며, 오늘날에도 이란이나 그밖에 다른 곳에서 *아야톨라*(ayatollahs: "하나님의 징후") 같은 영적 지도자로 이어지고 있다.

미국 흑인들의 이슬람교 조직은 1931년 디트로이트(Detroit)에서 결성된 이슬람교 국가(Nation of Islam; 지금은 Islam Community in the west라 함)이다. 이 조직의 신봉자들은 블랙 무슬림(Black Muslims)으로 알려져 있다. 시작부터 이 조직은 종교보다는 1950년대 흑인의 긍지와 힘을 제창했던 말콤 엑스(Malcolm X)에게 뿌리를 둔 "흑인 운동"에 더 많은 관심을 가져왔다. 현재 미국에는 2, 3백만 명의 블랙 무슬림이 있는데, 그들 대부분은 이슬람교 국가 조직이 아닌 정통 이슬람교 공동체에 속해 있다.

- **예언자 마호메트.** 이슬람교의 창시자는 우불-카짐(Ubu'l-Kassim)으로, "찬양받을 자" 마호메트라고 알려져 있다. 그는 570년에 지금의 사우디아라비아에 속해 있는 고대 도시 메카(Mecca)에서 태어났다. 마호메트는 40세(610년)에 메카 북쪽에 있는 히라산(Mount Hira)의 동굴에서 명상 중에 가브리엘 천사의 환상을 보았다고 주장했다. 가브리엘은 마호메트에게 자신이 알라의 사자이며, 하나님의 말씀을 지시할 것을 약속한다고 말했다. 마호메트는 스스로를 신적 존재로 여기지는 않았지만, 하나님의 마지막 예언자—"예언자들의 증거"—로 선택되었다고 생각했다. (이슬람교에는 예수님과 세례 요한을 포함하여 25명의 "예언자들"이 있다.) 마호메트는 632년에 61세를 일기로 세상을 떠났다. 그가 죽고 나서, 이슬람교는 북아프리카를 가로질러 스페인까지 퍼져나가면서 기독교 본토를 위협했다.

- **코란** (Qur'an 또는 Koran). 이슬람교 신학에서 하나님은 사람의 형태, 즉 예수님으로 자신을 드러내지 않고 말씀으로 나타나시는데, 이는 "암송"이란 의미의 *코란*에 기록되어 있다.

이슬람교에 따르면, 이 말씀은 610년부터 632년 사이에 마호메트가 살던 두 도시인 메카와 메디나(Medina)에서 마호메트에게 계시된 것이었다. 이는 암기할 수 있도록 쉬운 분절음으로 되어 있었다. 마호메트는 자신의 "계시"를 비서인 자이드(Zayd)에게 건네 주었고, 그것을 650년경에 제 3대 칼리프였던 우트만(Uthman)이 책으로 만들었다고 한다. 코란은 114개의 수라(suras), 즉 114장으로 구성되어 있는데, 연대기 순서가 아니라 길이 순서대로 정렬되어 있어서 여기저기에 있는 코란의 이야기를 따라가기가 어렵다. 코란은 신약보다 약간 얇다.

- **유대교, 기독교, 이슬람교.** 유대교, 기독교, 이슬람교는 유일신을 섬기는 세계 3대 종교이다. 세 종교 모두 아브라함이 그들의 조상이라고 간주하는데, 이슬람교는 아브라함이 이슬람교도였다고 믿는다. 왜냐하면 이슬람교도들은 하나님의 뜻에 복종하였고, 아브라함이 그렇게 복종한 첫 사람이었기 때문이다. 또한 이슬람교도들은 이삭보다 14년 먼저 태어난 이스마엘이 "약속의 아들"이며, 하나님이 아브라함에게 모리아산에서 바치라고 명령한 사람이 이삭이 아니라 이스마엘이라고 믿는다. 세 종교 모두 예루살렘을 성지로 존중하지만, 이유는 제각각 다르다. 이슬람교의 경우, 마호메트가 알라신이 "거한다"는 일곱 번째 천국에 갔다 온 유명한 "밤의 여행"(620년)이 이스라엘에서 시작되었기 때문이다. (예루살렘에 있는 황금바위 돔은 이 사건을 기념하기 위해 마호메트가 올라갔다고 전해지는 바위 위에 지어졌다.) 그리고 세 종교 모두 같은 사

람들이 경전에 나온다. 이슬람교는 모세오경인 토라, 다윗의 시편, 복음이 아니라 예수님의 전기로써 복음서 (여러 곳을 수정했는데, 코란에 의하면 예수님이 구유가 아니라 야자수나무 아래서 태어났다), 그리고 가장 중요한 코란을 존중한다. 이슬람교도들은 천국에 아랍어판 코란의 복사본이 있다고 믿는다.

이슬람교는 예수님을 숭배하며, 동정녀 탄생과 기적을 믿고, 예수님이 죽기 전에 천국으로 "올려져서" 지금은 알라와 함께 있을 것이라고 생각한다. 그러나 예수님을 신으로 여기지는 않는다. 왜냐하면 우주의 주권자이신 하나님이 인간의 몸으로 오셨다는 것은 일리에 맞지 않기 때문이다. (코란에서 예수님은 하나님의 아들이 아니라 마리아의 아들이다.) 또한 이슬람교는 예수님이 십자가에서 처형된 것을 믿지 않는다. 알라가 예언자를 그렇게 수치스럽고 굴욕적으로 죽게 둘 리가 없기 때문이다. (이슬람교는 예수님 대신에 유다나 구레네 시몬이 대신 처형당했을 것이라고 믿는다.) 이슬람교도는 예수님이 죽지 않았다고 믿기 때문에 당연히 죽음에서 부활하지 않았다고 생각한다.

이슬람교는 남자와 여자가 타락한 존재가 아니라 근본적으로 선하다고 가르친다. 에덴동산의 타락은 사탄이 야기한 것이고, 사탄은 아담(하와가 아님)을 유혹했는데, 아담은 참회하고 알라의 용서를 받았다. 인간은 타락하지 않았기 때문에 구원자도 필요 없다. 이슬람교도들은 지금 당장 구원의 확신은 없다. 최후의 심판 때까지 모든 것은 보류되며, 심판 날에 개개인들은 (예수님이 아닌) 알라 앞에 서서 자신들

의 행위와 업적에 따라 심판을 받는다 (행위에 따른 구원). 신
실하다고 심판받은 사람들은 상상을 초월하는 관능적인 쾌
락이 있는 오아시스 같은 천국으로 가고, 죄인들은 말할 수
없는 형벌이 있는 지옥으로 간다.

• **다섯 개의 지주**(支柱). 성실한 이슬람교도에게는 종교 생활을
지탱해 주는 다섯 개의 "기둥"이 있다. 첫째, "알라 외에 다른
신은 없다. 마호메트는 알라의 예언자이다"라는 고백이다
(알라는 기독교의 하나님처럼 알 수 있는 인격적인 신이 아니다. 알
라는 요한일서 4장 16절에 나오는 사랑의 하나님으로 묘사되지도 않
고, 아버지로 언급되지도 않으며, 절대 삼위일체가 아니다). 둘째,
하루에 다섯 번씩 (새벽, 정오, 오후, 저녁, 밤) 알라에게 기도하
는 것이다. 이슬람교도는 기도할 때 대개 엎드려서 겸손의
자세를 취한다. 공식 기도 시간에는 기도문이 코란 첫장부
터 낭송되고 이미 확립된 신조들도 이어서 나온다. 셋째, 병
자와 가난한 자들을 돕기 위해 재산의 일부를 나누는 헌납
이 있다. 그 액수는 다양하지만, 수입이나 재산의 2.5%를 내
는 것이 관습이다. 넷째, 가브리엘이 마호메트에게 맨 처음
나타났다고 주장하는 달인 라마단(Ramadan, 이슬람교 달력으
로 9월) 동안에는 해가 떠서 해가 질 때까지 금식한다. 다섯
째, 가능하다면 일생 동안 한 번은 메카의 대모스크로 순례
를 떠난다. 또한 이슬람교도 근본주의자들은 여섯 번째인
"영적 전쟁"을 의미하는 *지하드*(Jihad)를 신봉한다. 지하드는
이슬람교의 적들과 전쟁하는 것도 포함한다. 전투에서 전사
한 이슬람교도는 순교자가 되고 낙원의 자리를 보장받는다.

이단들

지난 175년간 기독교의 가장 큰 도전은 기독교라는 기치를 내걸지만 기독교의 중심 진리를 부인하는 이단의 등장이었다. *이단*이란 말은 기술(記述)적인 용어로, 공격적으로 들린다면 "대안적 종교 운동"이라고 말할 수도 있다. 역사가 루스 터커(Ruth Tucker)는 그녀의 책「또 다른 복음」(Another Gospel)에서 이단들을 예언자나 창시자가 하나님으로부터 특별한 계시를 받아서 "영감 어린" 저작들을 발표하고, 성경에는 나오지 않는 사자라고 주장하는 종교 집단이라고 정의한다. 터커는 대부분의 이단들이 전제적인 지도권 구조, 형식에 집착하는 생활양식, 배타적인 시야, 핍박 정신을 갖고 있다고 말한다.

- **이단의 공통점.** 기독교의 핵심 진리에 견주어 볼 때 이단의 공통점은 다음과 같다. 첫째, 성경이 오류가 있고 불완전하다고 주장하면서 성경의 권위를 부정한다. 그 대신 조셉 스미스(Joseph Smith)의「몰몬경」처럼 이단의 창시자가 그의 글로 성경을 대신한다. 둘째, 이단은 성경의 하나님이 아닌 다른 신을 예배하고 삼위일체를 부인한다 (이단은 삼위일체가 아니라 유일신교이다). 셋째, 이단은 예수님의 신성을 부인하고, 예수님을 구원자가 아니라 인간으로만 본다. 넷째, 이단은 믿음으로 의롭게 됨을 믿지 않는다. 대신 행위, 특히 개종과 같이 이단을 위해 한 행위들로 구원을 얻는다고 믿는다.
- **인기 있는 이단들.** 잘 알려진 네 개의 이단들은 19세기에

시작되었다. *몰몬교*로 더 널리 알려진 예수그리스도후기성
도교회(구 말일성도예수그리스도교회: LDS)는 1830년에 조셉 스
미스가 설립했다. 예수그리스도후기성도교회는 미국에서
탄생한 종교 중에 가장 돋보이고 성공했다는 평을 듣는데,
전 세계에 1천1백만 신봉자들이 있다. 몰몬교는 하나님이 여
럿이고, 이 땅을 다스리는 하나님은 영이 아니라 실체라고
믿는다. 그리고 "하나님은 본래 지금의 인간과 같았고, 인간
은 지금의 하나님처럼 될 수 있다"는 교리를 갖고 있다.

여호와의 증인은 미국에서 생겨난 두 번째로 큰 종교로,
8백만 명의 신봉자들이 있으며, 1884년에 찰스 테이즈 러셀
(Charles Taze Russell)이 창시했다. 여호와의 증인은 하나님보
다 *여호와*(Jehovah)라는 이름을 더 선호하고 예수님을 천사
장 미가엘이 영성을 잠시 내려놓고 사람이 된 것이라고 믿
는다. 그들은 투표를 하지 않고, 국기에 대한 경례도 하지
않고, 국가도 부르지 않는다. 또한 기독교의 성일이나 그 누
구의 생일도 기념하고 축하하지 않는다.

크리스천 사이언스(Christian Science)는 1879년에 메리 베이
커 에디(Mary Baker Eddy)가 창시했다. 물질보다 영이 우월함
을 믿는 철학 체계이며, 하나님은 신적 정신 혹은 우주의 원
리이고, 예수님은 하나님이 영적 원리임을 밝혀 준 "인도자"
라고 믿는다.

1889년 찰스와 머틀 필모어(Charles and Myrtle Fillmore) 부부
는 기독교 일체파(Unity School of Christianity)를 창시했다. 기
독교 일체파는 성경을 비유로 이해하고, 하나님은 (사랑의)

"원리"이며 예수님은 신이 아니라 인간이었을 뿐이라고 믿고, 윤회도 믿는다.

- **신흥 종교.** 신흥 종교 중에 1954년에 문선명이 창시한 통일교가 있다. 그는 자신이 인류를 구원하기 위해 하나님으로부터 선택된 사람이라고 주장한다. 사이언톨로지교회(Church of Scientology)와 엑칸카(Eckankar)는 기독교인 척 하지 않는 비기독교 사교(邪敎)들이며, 둘 다 윤회를 믿는다. 뉴에이지 운동은 이단이 아니라 현 시대는 끝나고 "새 시대"(new age), 신비로운 물병자리 시대(Age of Aquarius)가 올 것이라고 믿는 전 세계적인 현상이다. 그들은 인류와 자연(대지의 어머니)과 "유일신"인 신적 존재 사이에 상호 연결성을 믿는다. 그리고 카르마와 윤회의 법칙을 믿는다. 신봉자들은 영혼들과 교신하며, 우주의 기(氣)나 은하계의 의식과 의사소통을 하기 위해 기술들을 사용한다.

모든 길은 하나님께로 향하는가?

오늘날 다양한 종교가 공존하는 세계에서 그리스도인들은 다른 신앙을 가진 사람들과 항상 접촉한다. 자주 듣는 질문은 "모든 종교가 하나님께로 향하나요?"라는 것이다. 위에서 말한 종교와 이단들은 "어떤" 신을 향해 갈지는 모르지만, 인식할 수 있고 사랑이시며 삼위일체이신 기독교의 하나님께로는 아니라는 것이 답이다. 기독교와 다른 모든 종교들과의 차이점은 *"하고 있는 일"*과 *"이미 이루어 놓은 일"* 사이의 차이점으로 요약될 수 있다고들 말해 왔다. 다른 모든 종교에서 구원은 "하고 있는 일"을 통해서 온다. 기독교에서 구원에 필요한 모든 일은 예수님이 십자가에서 "이미 이루어 놓으신 일"이다. 그리스도인으로서 우리가 할 일은 *"이미 이루어 놓으신 일"*을 받아들이는 것뿐이다.

그리스도 안에서의 성장과
그리스도 전파

그리스도인으로서 우리는 "쉬지 말고 기도하고" (살전 5:17), 성경 말씀으로 훈련을 받고 변화를 받아서 (롬 12:2), 그리스도의 사신이 되고 (고후 5:20), 예수 그리스도 안에서 간직한 소망을 다른 사람들과 항상 기꺼이 나누도록 (벧전 3:15) 부르심을 받았다.

기도를 통한 그리스도 안에서의 성장

그리스도인들이 믿음을 나누기 부끄러워하는 주된 이유는 믿음이 약하거나 혹은 믿음이 약하다고 생각하기 때문이라는 설문 조사 결과가 있다. 어떻게 강하고 생동하는 믿음을 가질 수 있을까? 퀘이커교도인 엘튼 트루블러드(Elton Trueblood)는 「서야 할 자리」(A Place to Stand)에서 "강한 믿음을 키워야 하는 세 가지 영역은 하나님께 헌신하는 내적 생활, 이성적으로 사고하는 지적 생활, 타인을 섬기는 외적 생활이다"라고 말했다.

- **기도 생활.** 여론 조사 결과 대다수의 그리스도인들은 자신의 기도 생활에 만족하지 못하는데, 이는 성직자뿐만 아니라 평신도도 그렇다. 그 이유는 눈이 돌아갈 정도로 바쁜 세상에서 하나님 앞에 조용히 나아가 앉아서 "주님을 기다리기"가 어렵기 때문이다. 1647년판 「웨스트민스터 교리문답」(Westminster Catechism)에는 "인간의 주된 목적이 무엇인가?"라는 질문이 있다. 그 대답은 "하나님께 영광을 돌리고, 그를 영원히 기뻐하는 것"이다. 우리는 기도로 하나님께 나아갈 때 하나님께 영광을 돌린다. 어린 아이가 부모의 무릎에 앉아 있는 것처럼 하나님의 존전에서 은혜를 입을 때 우리는 주님을 기뻐한다. 17세기 프랑스 까르멜회(French Carmelite)의 수사 로렌스 형제(Brother Lawrence)는 "하나님의 임재를 연습하는 것"이 가능하다고 믿었다. 이 문구는 그의 사후에 발간된 그의 저서 제목이 되었다.

- **기도의 형태.** 기도에는 세 가지 주요한 형태가 있다. 첫째, 소리 내어 *말하는* 기도이다. 말로 하는 기도를 위해 도움이 될 만하고 널리 사용되는 방법이 첫 번째 글자만 따서 만든 ACTS이다. A는 하나님을 *찬양*(Adoration)하는 것이다. C는 하나님과 다른 사람들에게 지은 죄와 허물을 *고백*(Confession)하는 것이다. T는 하나님의 축복과 약속을 *감사*(Thanksgiving)

하는 것이다. S는 하나님께 특별히 필요한 것을 *간구*(Suppli-cations: 간청 혹은 요청)하는 것이다. 하나님은 말의 정확성이나 아름다움은 개의치 않으신다. 오직 간절한 마음으로 오는가에 관심을 가지신다. 둘째, 묵상기도는 *마음*으로 하는 기도이다. 대개 성경 구절이나 경건의 시간에 읽은 내용을 바탕으로 기도한다. 기도하면서 자신 앞에 놓인 말씀을 묵상한다. 셋째, 침묵기도는 가장 고차원적인 단계의 기도이다. 침묵기도는 순전히 하나님의 "존재하심을 느끼려고," 하나님의 "세미한 음성"을 듣기 위해, 하나님과의 하나 됨과 친밀감을 맛보려고 갈망하는 것이다. 어떻게 침묵기도를 할 수 있는가? 조용히 모든 생각을 내려놓고 *마음을 모아* 하나님만 바라면, 우리 주위의 라디오 전파처럼 어디에나 계시며, 우리의 생각과 마음에 말씀하시기 원하시고 기다리시는 하나님의 음성을 듣게 된다.

- **주기도문.** 예수님은 제자들에게 기도하는 법을 가르치셨다. 제자들에게 가르치신 기도를 주기도문이라고 한다 (무엇보다도 하나님께 "우리의 죄를 사하여" 달라고 간청하는 것을 보아 죄가 없으신 예수님 자신을 위한 기도는 아니다). 주기도문은 두 부분으로 나눌 수 있다. 앞부분은 하나님께 세 가지 기원을 하고 있다. 하나님의 *이름*—단순히 이름 자체가 아니라 하나님의 "본질"—이 거룩히 여김을 받기를, 그의 *나라*—이 땅을 다스리는 하나님의 통치와 주권—가 임하시기를, 그리고 하나님의 뜻—우리가 하나님과 다른 사람들을 사랑하는 것—이 이루어지기를 기원한다. 뒷부분에는 세 가지 간구가

있는데, 스코틀랜드의 주석가 윌리엄 바클레이는 현재, 과거, 미래로 생각할 수 있다고 말했다. 우리는 *오늘*을 위해—쉴 곳, 치유, 삶에 필요한 것들, 즉 "매일의 양식"을 위해 기도한다. 우리는 *어제*를 위해—하나님과 우리 주변의 사람들을 사랑하지 못한 것을 용서해 달라고 기도한다. (하나님이 모르시기 때문이 아니라 죄를 용서받기 위해서 고백하는 것이다.) 우리는 *내일*을 위해—시험받을 때 함께 하시기를 간구한다 (고전 10:13 참조). 시험받는 것은 죄가 아니다. 모든 사람이 시험을 받는다. 시험에 *드는 것*이 죄이다.

- **기도 연습.** 우리는 기도에 관한 책을 읽으면서 기도하는 법을 배우는 것이 아니다. 기도 훈련에 참여함으로써 배운다. 능동적으로 매일 기도하는 삶을 사는 사람들의 제안은 다음과 같다. 첫째, 매일 하나님과 둘만의 일정한 시간을 가지라. 할 일들 때문에 머리가 복잡해지기 전, 아침에 일어나자마자 제일 먼저 갖는 것이 좋겠다. 둘째, 방해거리가 없는 조용한 장소를 찾으라. 마음을 편히 하고, 그리스도의 임재를 상기시키도록 마음을 밝히고, 하나님께 마음을 집중하라. 셋째, 이 시간 동안 마음에 떠오르는 생각과 감상을 적는 영적 일기를 만들라. 마지막으로 기도는 방식이 아니라 태도이지만, 때로 일정한 틀이 도움이 된다. 기도에 도움이 되는 방법 중에 첫 번째 글자만 따서 만든 PRAY가 있다. P는 *찬양*(Praise)을 뜻하는데, 하나님의 선하심, 우리의 믿음, 우리가 사랑하는 사람들과 우리를 사랑하는 사람들을 인해 하나님을 찬양한다. R은 *묵상*(Reflections)을 의미하는데, 성경

구절이나 경건의 말씀을 읽을 때 마음에 떠오르는 것을 묵상하는 것이다. A는 *간구*(Ask)로, 개인의 필요와 다른 사람들의 필요를 하나님께 간구하거나 요청하는 것이다. Y는 *갈망*(Yearn)을 의미하는데, 하나님과 "하나 됨", 하나님과 친밀해지기, 하나님과 더욱 사랑 안에 거하기를 갈망하는 것이다. 오스왈드 챔버스(Oswald Chambers)의 「주님은 나의 최고봉」(My Utmost for His Highest)과 같은 경건 서적도 기도에 "도움"이 된다.

- **기도의 응답.** 간구와 요청의 기도에 대한 응답은 어떠한가? 어떤 기도들은 즉시 응답된다. 그러나 인내심을 요하는 기도도 있다. 때로는 바울이 하나님께 그의 육체의 가시를 제하여 달라고 기도했을 때처럼 그 대답이 '아니오'일 수도 있다 (고후 12:7~10). 하나님은 모든 기도를 들으신다. 우리는 왜 하나님이 어떤 기도는 (우리가 만족하도록) 응답하시고, 어떤 기도는 응답하지 않으시는 것 *같은지* 모른다. 진정한 문제는 응답이 아주 적은 것이 아니라 기도가 너무나 미흡한 것이라고 말하는 사람들도 있다.

성경 공부와 섬김을 통한 그리스도 안에서의 성장

기도는 그리스도인의 성장에 있어서 내적인 생활이다. 그 다음으로 우리는 가슴 속에 있는 예수님을 머리까지 넓히기 위해 성경을 공부할 필요가 있다. 그리고 나서 우리의 믿음은 섬김의 사역으로 나아가야 한다. 성경 공부는 우리가 예수님 안에서 갖고 있는 소망에 대해 질문하는 사람들에게 대답을 줄 수 있도록 도와줄 것이다 (벧전 3:15). 섬김은 바울이 에베소서(2:10)와 야고보서(2:14~26)에서 말한 소망이 선한 일 속에 드러나는 것을 다른 사람들이 보게 할 것이다.

- **성경 공부를 통한 그리스도 안에서의 성장.** 하나님은 우리의 지식이 자라서 "마음을 새롭게 함으로 변화를 받아" (롬 12:2) 달라지길 원하신다. 성경을 다음과 같이 읽으면 도움이 될 것이다. 첫째, 현대어로 번역된 성경을 선택하라. 훌륭한 *관주* 성경이면 더 좋겠다. 소화할 수 있는 작은 양으로 시작해서, 천천히 주의 깊게 읽고, 그 문단의 의미가 그 당시 독자들에게 무엇을 의미했는지 (당신이 이렇게 하려면 관주 성경이나 성경 주석이 필요하다), 오늘날에는 어떤 의미를 주는지 질문하라. 둘째, *꾸준히* 읽으라. 매일 성경을 읽는 습관을 가지라. 셋째, *체계적으로* 읽으라. 성경의 이곳 저곳을 골라가면서 읽지 말고, 시작한 부분부터 끝까지 계속 읽으라. 사복음서 중에서 시작하는 것도 좋을 듯하다. 그 중에서도 누가복음은 이야기의 배열이나 완성도 면에서 추천할 만하다. 누가복음에는 백 개가 넘는 이야기, 비유, 격언이 있다. 매일 한 개씩 읽는다면, 몇 달은 족히 걸릴 것이다. 마지막으로 성경의 가르침을 생활에 *적용할* 방법을 찾으라. 성경 공부의 목적은 정보가 아니라 *변화*에 있다.

- **섬김을 통한 그리스도 안에서의 성장.** 그리스도인들은 기독교의 최고의 논증인 동시에 최악의 논증이기도 하다. 주

님과 구원자로 고백한 분을 일상생활에서 반영하지 못한다
면 우리는 최악의 상황에 처하게 된다. 만일 다른 사람들이
예수님의 인격과 논의와 약속을 고려해보길 원한다면, 우리
는 그분의 메시지와 가르침을 더 깊이 몸소 실천해야 한다.
이것을 하기 위해서 어떻게 해야 하는가? 예수님은 우리에
게 양과 염소의 이야기에서 주린 자를 먹이고, 벌거벗은 자
에게 옷을 주며, 병든 자를 돌보고, 옥에 갇힌 자를 만나보아
야 한다고 말씀하신다 (마 25:31~45). 또한 사회 정의를 옹호
하고, 부도덕성을 폭로하여 맞서 싸우며, 환경을 지키고, 우
리의 길을 가로막는 모든 사람들에게 그리스도인의 친절을
베풀어야 한다.

기독교의 변증론

기독교를 옹호하는 것을 *변증론*이라고 한다. 이는 기독교 신
앙에 도전하는 사람들—자연주의 세계관을 갖고 있어서 초자연
적인, 초월적인 존재의 가능성을 인정할 수 없는 사람들, 하나님
에게 무한한 능력과 사랑이 있다면 왜 세상에 악과 고통이 존재
하는지를 묻는 사람들, 성육신과 예수님의 부활 및 기적들을 도
저히 믿을 수 없는 사람들—에게 사리에 맞는 대답을 준다.

- **하나님의 존재.** 하나님의 "흔적"은 두 개가 있다고 한다. 하
  나는 세상에 있는 하나님의 "걸작품"인 자연에 의한 흔적이
  고, 또 하나는 성경에 있는 하나님의 "말씀"인 계시를 통한

흔적이다. *자연신학*은 우리를 둘러싼 세상을 깊이 생각하면서 하나님을 아는 지식을 얻을 수 있다고 가르친다. 우연의 산물이라는 말로는 세상을 설명할 수 없다. 반면에, 성경을 "흔적"으로 보는 것을 *계시신학*이라고 한다. 만약 창조주가 있다면 우리를 향한 그의 사랑을 드러내고 우리의 삶을 향한 그의 뜻을 나타내 보이길 원하는 것이 당연한 것 같다. 하나님은 어떻게 나타내 보이셨는가? 선지자들과 사도들을 부르셔서 하나님의 말씀을 대언하고 기록하게 하심으로 언젠가 온 세상이 그를 알도록 하셨다. 자연신학은 우리에게 하나님의 *창조*의 뜻을, 계시신학은 하나님의 *구원*의 뜻을 말한다고 한다. 우리가 하나님을 알 수 있는 세 번째 방법이 있다. 내면에 보여 주시는 성령님의 증거를 통해서이다. *증명*할 수는 없어도 우리가 알고 있는 것이 진리인 것도 있다. 지금 나는 컴퓨터로 일하고 있으면서 배가 고파서 점심을 생각하고 있다. 나는 내가 생각하는 것이나, 배고픈 것마저도 "증명"할 수 없다. 그러나 나는 이것이 진실임을 *알고 있다.* "증명"할 수는 없는데 말이다.

- **악과 고통.** 인간이 자유의지로 종종 나쁜 결정과 선택을 하고, 그 결과 개인이 고통을 받거나 다른 사람들이 고통을 받을 수 있다는 말 외에는 달리 고통에 대하여, 특히 애매한 고난에 대하여 만족할 만한 대답이 없다. 기쁜 소식은 고통이 이야기의 끝이 아니라는 것이다. 조니 에릭슨 타다(Joni Eareckson Tada)는 1967년 십대였을 때 교통사고를 당하여 목 아래가 마비되었다. 조니는 가장 큰 힘이 되었던 것

을 이렇게 말한다, "언젠가 일할 수 있는 몸과 안을 수 있는 팔과 달릴 수 있는 다리를 갖게 될 것을 아는 것이었습니다. 나는 혼자 내버려진 것이 아니라 하나님께서 죽음을 넘어서 새로운 몸을 주실 것이라는 믿음이 큰 위로가 되었습니다." 바울이 고린도 교회에게 말했듯이, 하나님은 그를 사랑하는 자들에게 놀랍고 아름다운 일을 준비하고 계신다 (고전 2:9).

- **예수님의 성육신과 부활.** 믿지 않는 사람들은 성육신과 부활을 인간적으로 이해할 수 없기 때문에 거부한다. 그러나 인간적으로 이해할 수 없는 일들은 많이 있다. 예를 들어, 뇌를 생각해 보라. 어떻게 뇌의 미세한 선들이 생각하고, 꿈꾸고, 과거를 기억하고, 예술 작품들을 만들어 내고, 생생한 색깔과 향기로운 냄새를 즐기게 하는지 설명할 수 있는 사람은 아무도 없다. 단지 *어떻게* 예수님이 수태되고 부활했는지 설명할 수 없다는 것이 두 "기적"이 일어나지 않았다는 뜻은 아니다. 복음서에 나오는 예수님의 기적에 대하여, 씨 에스 루이스는 이렇게 말했다, "부활의 낙타를 삼키고 난 후에 누가 오천 명을 먹인 기적과 같은 사소한 모기들에게 집착할 수 있을까?"

복음전도의 메시지: 예수 그리스도

예수님이 제자들에게 물으셨다, "사람들이 나를 누구라고 하느냐?" (막 8:27) 오늘날은 어떠한가? *견유학파*(犬儒學派) 사람들은 예수님이 하나님의 아들이 아닌데 아들이라고 우기는 사기꾼이라고 말한다. *무신론자들*은 예수님을 제자들이 그의 사후에 전설로 부풀려 놓은 인물이었다고 말한다. 믿는 자들은 예수님이 과거에나 현재에나 성육신하시고, 여전히 살아계신 만유의 하나님의 아들이라고 말한다.

결국, 우리는 항상 부활로 돌아간다. 부활에 관하여 다음과 같이 말할 수 있다. 첫째, 예수님이 죽으시고 50일이 되었을 때, 그의 제자들은 예루살렘 거리로 나가서 예수님이 죽은 자 가운데서 살아나셨다고 외쳤다 (행 2:22~32 참조). 만약 유대인들이 반박하기를 원했었다면 그들은 아리마대 요셉의 가족 무덤에 가서 예수님의 시체를 내놓기만 했으면 되었다. 건조한 팔레스타인의 기후 때문에 시체는 부패되지 않았을 것이다. 그러면 모든 일이 끝났을 것이다. 그러나 어느 누구도 예수님의 시체가 여전히 무덤에 있다든지, 아니면 도둑맞았다고 나서서 말한 기록이 없다. 둘째, 예수님이 살아나지 않았다면 복음서도, 신약도, 교회도 없었을 것이다. 왜냐하면 죽어서 무덤에 누워 있는 구원자는 "복음"이 될 수 없었기 때문이다. 셋째, 예수님의 부활을 공공연하게 목격한 많은 사람들이 감옥에 갇히고 십자가에 못 박혔으며 사자에게 던져지고 장대에 매달려 불에 타 죽었다. 예수님이 죽은 자 가운데서 살아났다는 믿음을 변절하지 않고 박해에 맞서서 견디어낼 수 있는 힘이 어디에서 생겼을까? 부활하신 예수님을 눈으로 본 사람들의 신뢰할 수 있는 증거의 말과 글 때문이었다.

전도의 기술: 복음을 함께 나누기

하나님은 우리의 삶에 대한 *계획*을 갖고 계신다는 말들을 종종 한다. 하나님은 우리의 삶에 대한 *목적*을 갖고 계신다는 말이 더 정확할 것이다. 바로 예수 그리스도를 아는 것과 그를 다른 사람들에게 전하는 것이다. 다른 사람들에게 예수님을 "전하는" 데 있어서 몇 가지 제안이 있다. 첫째, 다른 사람의 입장에서 시작하여 그의 신앙에 대해 물어보라. 그러면 종종 그 사람은 당신에게 되물을 것이다. "당신은 종교가 무엇입니까?" 이렇게 하면서 독특하고 구별되는 기독교의 신앙을 나눌 수 있는 기회를 얻게 된다.

둘째, 중심 메시지, 즉 예수 그리스도를 통해 하나님과 개인적인 관계를 맺게 되었다는 것에 초점을 두라. 믿음의 신비나 다른 그리스도인들, 심지어 교회 지도자들의 생활 방식과 행동들 (우리는 예수 그리스도를 믿는 것이지 타락한 인간을 믿는 것이 아니다), 왜 이 세상에 악과 고통이 있는지를 설명하려고 주제에서 벗어나지 말라. 당신의 신앙과 믿음, 그리고 그것이 당신과 당신의 삶에 어떤 의미를 갖고 있는지, 그리스도가 삶의 *목적*(그의 약속)과 삶의 *길*(그의 가르침)을 주셨다는 것에 집중하라.

셋째, 성경이 "하나님의 영감의 말씀"이라든지, "예수님의 피(혹은 십자가)로" 구원받았다든지, "은혜를 인하여 믿음으로 말미암아 의롭게" 되었다든지, "거듭나야만" 한다든지 등의 그리스도인들만 사용하는 용어들은 피하라.

넷째, 다른 종교를 거짓이라고 판단하거나 예수님이 다른 종교의 창시자들보다 더 뛰어나다고 주장하지 말라. 그러면 개방적인 대화를 할 수 있고, 대화는 논쟁보다 항상 더 효과적이고 생산적이다.

마지막으로, 증인으로서 우리의 역할은 *소식을 전하는 것*이지 설득하는 것이 아님을 기억하라. 우리는 예수님의 복음을 가능한 사랑스럽게 전해야 한다. 그리고 나서 성령님의 내면의 증거가 복음을 나누었던 사람들의 마음과 생각 속에서 일하게 하라.

파스칼의 내기

프랑스의 물리학자 블레즈 파스칼(Blaise Pascal)은 1662년에 사망했다. 종교에 대한 그의 생각은 사후에 「팡세」(Pensées: "명상"이라는 뜻의 불어)라는 책으로 출간되었고, 이 책은 기독교의 고전이 되었다. 팡세에서 가장 잘 알려진 부분 중에 하나가 바로 파스칼의 "내기"이다. 우리 모두는 의식하고 있든 아니든지 간에, 하나님에 대해 내기를 하고 있다. 만약 하나님이 있다고 내기를 했는데 하나님이 존재한다면, 모든 것을 *얻는다*. 만약 하나님이 있다고 내기를 했는데 하나님이 없다면, 잃을 게 없기 때문에 *아무것도* 잃지 않는다. 만약 하나님이 없다고 내기를 했는데 하나님이 존재한다면, *모든 것*을 잃는다. 결국, 내기를 하는 사람은 주님이시며 구원자이신 예수님께 모든 것을 걸게 된다.

세상에서 그리스도인답게 살기

하나님의 존재나 악과 고통, 예수님의 부활과 기적보다 대답하기 더 어려운 또 다른 도전이 있다. 그것은 매일의 삶에서 그리스도인의 믿음을 보이지 못한다는 것이다. 기독교 신학자 오스 귀니스(Os Guinness)는 이렇게 말했다, "대부분 그리스도인의 문제는 그들이 있어야 할 *자리*에 있지 않다는 것이 아니다. 문제는 그들이 있는 바로 그 자리에서 그리스도인의 *모습*이 아니라는 것이다." 그리스도인이라는 것은 사도신경과 같은 어떤 믿음에 동의하는 것을 의미하지 않는다. 성품이 올바르고 성경의 황금률을 따르는 것도 아니다. 세례를 받고 예배에 참석하는 것도 아니다. 그리스도인이라는 것은 예수 그리스도와 개인적인 관계를 맺고 그의 메시지와 가르침을 더 깊이 몸으로 나타내는 것을 말한다.

십계명: 그리스도인의 삶을 위한 규범들

이스라엘은 사람들을 하나님께로 이끌어내는 하나님의 "빛"(사 42:6)이라고 불렸다. 어떻게 이스라엘이 그런 민족이 되었는가? 하나님이 모세에게 시내산에서 주신 십계명을 지켰기 때문이다. 십계명은 출애굽기(20:3~17)와 신명기(5:7~21)에 있다. 예수님은 부자 청년과 대화를 나누시면서 십계명을 지지하셨다 (막 10:19). 그리고 사도 바울도 로마서에서 동일하게 지지했다 (13:9).

많은 사람들은 십계명을 읽으면서 소극적인 *하지 말라*를 한 묶음으로 모아 놓았다고 생각한다. 제임스 무어(James Moore) 목사는 그의 책 「다른 모든 것이 실패했을 때, 가르침을 읽으라」(When All Else Fails...Read the Instructions)에서 "십계명은 일이 어떻게 돌아가는지, 인생이 어떻게 얽히는지, 하나님이 의도하신 각각의 모습은 어떠한지를 우리에게 말해 준다. '커피의 향을 즐길 수 있을 만큼' 일찍 일어나는 사람이라면 누구나 하나님과 다른 사람들을 사랑할 때, 부모님을 존경하고 진실만을 말할 때, 모든 관계 속에서 정직하고 신실할 때, 인생이 더욱 풍요로워지는 것을 쉽게 알 수 있다"고 말한다.

1. **내 앞에 다른 신을 두지 말라.** 여기서 "신"이라는 말은 고대에 많은 신들이 있었다는 사실을 보여 준다. 오늘날 우리는 여러 신을 섬기지는 않는다. 그러나 다른 신들—명성, 성공, 부, 권력, 쾌락—을 숭배한다. *십계*(The Ten Commandments)라는 영화를 촬영한 후에, 세실 드밀(Cecil B. DeMille)은 사람들

이 가장 범하기 쉬운 계명이 무엇이라고 생각하느냐는 질문을 받았다. 드밀은 "첫 번째 계명입니다. 이스라엘이 제일 먼저 범했고, 우리 역시 제일 자주 범하게 되는 계명입니다"라고 말했다. 우리는 마음을 다하고 성품을 다하고 힘을 다하여 하나님을 사랑하라는 부르심을 받았다 (신 6:5, 막 12:31). 이것은 우리의 삶에서 하나님을 *가장 높은 우선순위*에 두라는 의미이다.

2. **네 자신을 위해 우상을 만들지 말라.** 하나님은 모세에게 "나는 스스로 있는 자니라"(출 3:14)고 말씀하셨다. 하나님은 말씀은 하셨지만 나타나시지는 않았다. 그러한 이유 때문에 그 어떤 조각상도 만들면 안 된다. 오늘날 우리는 하나님을 우상화하지는 않는다. 그러나 다른 것들, 즉 왕족, 대중 가수, 영화나 텔레비전 스타, 운동선수, 패션모델 등을 그들의 인기가 떨어지고 사라질 때까지 *우상화*한다. 우리는 하나님 오직 한 분만 예배하도록 부르심을 받았다.

3. **주 너희 하나님의 이름을 망령되이 일컫지 말라.** *하나님*이라는 단어는 하나님의 *이름*이 아니라—하나님의 이름은 정말 거룩해서 고대 이스라엘에서는 감히 소리 내어 말할 수 없었다—하나님의 *본질*이다. 오늘날 이 계명은 말이나 농담이나 글이나 낙서에서 하나님을 욕되게 하는 언어를 주로 말한다. 우리는 하나님의 이름을 모독하지 않기 위하여 하나님 대신 (Gosh; God), 예수님 대신 (Jeez; Jesus), 그리스도 대신 (Cripes; Christ) 완곡한 말을 사용해서 이름을 언급하지 않고 거룩한 것을 오용한다. 우리는 하나님의 이름을 주기도

문에서 "이름이 거룩히 여김을 받으시오며"라고 기도하듯이 하나님의 이름을 헛되지 않게 *신중히* 대해야 한다.

4. **안식일을 거룩히 지키라.** 하나님께서는 자신의 창조를 기뻐하시기 위해 제 칠일에 안식하셨다. 이스라엘 사람들은 하나님을 기뻐하기 위해 제 칠일에 안식했다. 오늘날 주일은 성일에서 휴일(休日)이 되어버렸다. 우리는 주일을 *거룩하게* 지킴으로, 예배에 참석함으로, "하나님의 어루만지심"이 필요한 자들을 돌봄으로 이 계명을 준수한다.

5. **네 부모를 공경하라.** 나머지 여섯 계명은 다른 사람들—부모, 배우자, 이웃들—과 관련이 있다. 오늘날 가족관이나 공경사상이 사라지고 있다. (우리는 젊음과 젊은이들은 동경하면서, 어른은 공경하지 않는다.) 우리는 양과 염소의 이야기에서 예수님이 "나그네 되었을 때에 영접하였고"(마 25:35)라고 말씀하셨던 친절함을 보이면서, 가족이 없는 사람들, 우리가 가족이 *될 수 있는* 사람들을 돌봐야 한다.

6. **살인하지 말라.** 이 계명은 *생명의 존엄성*과 관련이 있다. 이 계명은 모든 형태의 살상을 포함하는 데까지 확장되어 왔고, 사형제도, 전쟁, 안락사, 심지어 군에 입대하는 것도 반대하는 사람들에게 성경적인 근거를 제공한다. 또한 낙태도 하나님의 형상(창 1:26)을 닮은 생명을 죽이는 것이라고 말하는 사람들의 근거도 제공한다.

7. **간음하지 말라.** 이 계명은 하나님이 남자와 여자를 연합하여 "한 몸"이 되게 하신 *결혼* 제도를 보호한다 (창 2:24, 막 10:6~9). 많은 사람들은 1960년대에 시작된 성 혁명이 가족단

위가 붕괴하는 데 책임이 있다고 생각한다. 성 혁명은 지금까지 계속되어 성 도덕관과 성적 가치관의 자유화가 널리 퍼지고 있다.

8. **도둑질하지 말라.** 이 계명은 *성실*과 관련이 있다. 이 계명을 확대 해석하면, 기금이나 자산을 착복하는 것, 뇌물로 다른 사람들을 조종하는 것, 기록이나 소문 등을 곡해하는 것도 포함된다.

9. **이웃에 대해 거짓 증거하지 말라.** 이 계명은 *진실*과 관련이 있다. 이것은 위증, 비방, 중상, 험담을 포함하며, 실제로 모든 거짓 증언에 대하여 다른 사람의 명예를 보호하는 것, 심지어 어떤 사람이 애매하게 비방을 당할 때 침묵을 지키는 것도 이에 해당된다. 우리는 "온전한 진실이자 오직 진실만"을 말해야 한다.

10. **이웃의 재물을 탐내지 말라.** 마지막 계명은 지위와 성공, 부와 소유, 건강과 젊음, 모든 육체의 쾌락에 대한 욕망을 금한다. 탐욕은 일곱 가지 큰 죄 중에 하나인 시기에서 온다. 어떻게 탐욕을 절제하는가? 탐욕의 정반대인 자족(自足)을 실천하는 것이다.

오늘날의 십계명

텔레비전 앵커인 테드 코펠(Ted Koppel)은 1987년에 듀크대학교(Duke University) 졸업반에서 강의하면서, 모세는 시내산에서 열 가지 *계명*을 들고 내려왔지, 열 가지 *제안*을 들고 내려온 게 아니라고 말했다. "십계명의 빛나는 아름다움은 때때로가 아니라 항상 수용할 만한 인간의 행동을 간단 명료한 말로 표현했다는 것이다"라고 말했다.

산상수훈: 그리스도인 선언서

복음서에는 이른 바 두 편의 *설교*가 있다: 마태복음에 있는 *산*에서의 설교(마 5:1~7:29)와 누가복음에 있는 *평지*에서의 설교(눅 6:17~49). 마태복음의 산상수훈이 더 많이 알려져 있다. 한편의 설교로 되어 있지만 산상수훈의 길이나 복잡성을 고려할 때, 또한 누가복음에는 다양한 문단으로 여러 곳에 나타나는 것으로 볼 때, 많은 사람들은 이것이 예수님의 가르침을 요약한 것이라고 믿는다. 설교를 어느 "산"에서 했는지는 알려져 있지 않지만, 성경에서 *산*은 하나님이 말씀하시고 자신을 계시하셨던 곳이다. 예를 들어, 모리아산 (이삭이 희생제물이 되기 위해 갔던 곳), 시내산, 갈멜산 (엘리야가 바알 선지자들과 대결한 곳), 변화산, 시편 기자들이 하나님께서 "거하신다"고 말한 시온산(시 48:1~2)이 있다.

팔복

산상수훈은 팔복, 즉 바울이 갈라디아서 5장에서 말한 성령의 아홉 가지 열매처럼 그리스도인의 삶에서 나타나야만 하는 여덟 가지 특징으로 시작한다. 어떤 사람들은 팔복이 예수님이 갈릴리를 두루 다니시면서 반복해서 하신 설교의 "결론"이고, 이것을 마태가 여덟 가지 가르침으로 훌륭하게 요약한 것이라고 추측한다.

1. **심령이 가난한 자는 복이 있나니.** 아무리 해도 스스로를 구원할 수 없다는 것을 깨달은 사람들, 하나님께 모든 신뢰와 소망을 두는 사람들, 모든 것을 하나님의 은혜와 자비하심에 맡기는 사람들은 복이 있다. 베드로는 예수님께 말했다. "영생의 말씀이 계시매 우리가 뉘게로 가오리이까?" (요 6:68)

2. **애통하는 자는 복이 있나니.** 세상의 잔인함과 고통을 슬퍼하는 사람들, 여리고로 가는 길에 강도당한 사람을 도와준 선한 사마리아인처럼 다른 사람들의 고통에 가슴 아파하며 지나치지 않고 위로해 주는 사람들은 복이 있다 (눅 10:25~37).

3. **온유한 자는 복이 있나니.** 부드럽고 사랑이 넘치며, 인정이 많은 사람들, 돌아온 탕자의 비유에서 낭비벽이 있는 작은 아들과 분노한 큰아들 앞에서 겸손했던 아버지처럼 다른 사람들 앞에서 기꺼이 자신을 낮추는 사람들은 복이 있다 (눅 15:11~31).

4. **의에 주리고 목마른 자는 복이 있나니.** 하나님과 동행하며 바르게 살려고 갈망하는 사람들, 하나님의 뜻을 따르기를 간절히 원하는 사람들, 하나님 앞에서 올바르고 의롭게 살기를 원하는 사람들은 복이 있다. 아모스는 이스라엘 백성들에게 하나님은 잘못된 제사를 원치 않으시며 "오직 공법을 물 같이 정의를 하수 같이" (암 5:24) 흘리는 것을 보길 원하신다고 말했다.

5. 긍휼히 여기는 자는 복이 있나니. 악을 악으로 갚지 않고 사랑으로 갚는 사람들, 모든 사람들에게 친절과 자비를 보이는 사람들, 예수님이 십자가에서 "아버지여, 저희를 사하여 주옵소서. 자기의 하는 것을 알지 못함이니이다"(눅 23:34)라고 말씀하시고 그렇게 하셨듯이, 기꺼이 용서하고 그들에 대한 불만을 잊는 사람들은 복이 있다.

6. 마음이 청결한 자는 복이 있나니. 동기가 진실하고 깨끗한 사람들, 다윗이 밧세바와 죄를 범한 후에 "하나님이여, 내 속에 정한 마음을 창조하시고, 내 안에 정직한 영을 새롭게 하소서"(시 51:10)라고 기도했던 것처럼 마음이 청결하기를 위해 기도하는 사람들은 복이 있다.

7. 화평케 하는 자는 복이 있나니. 평화를 위해, 올바른 관계를 위해 애쓰는 사람들, "주여, 나를 평화의 도구로 써 주소서"라고 기도한 아시시의 성 프랜시스(Saint Francis of Assisi)처럼 반목하는 사람들 사이에서 중재하는 사람들은 복이 있다.

8. 의를 위하여 핍박을 받은 자는 복이 있나니. 사회와 정치의 불의를 용기 내어 말하는 사람들, 다른 사람들 앞에서 그리스도의 이름을 기꺼이 옹호하는 사람들은 복이 있다. 예수님은 그를 위하여 고난받고 끝까지 견디는 자는 "구원을 얻으리라"고 말씀하셨다 (막 13:13).

예수님의 다른 교훈들

예수님의 설교에서 다른 교훈들은 다음의 내용들을 다루고 있

다: 세상의 소금과 빛이 되는 것, 여섯 개의 대구 (對句; "너희는…라고 들었으나 나는…을 말한다"), 기도와 금식, 다른 사람 눈의 티는 보면서 자신의 들보는 보지 못하는 잘못, 하나님은 "구하는 자에게 좋은 것을 주시기" 원하시는 분이므로 구하고 찾고 문을 두드리라, 두 주인(하나님과 돈)을 동시에 섬길 수 없음, 먼저 그의 나라와 그의 의를 구하라, 이른 바 황금률, 좁은 문과 좋은 나무와 잘 지은 집.

오늘날의 산상수훈

우리는 어떻게 산상수훈을 따라 살 수 있는가? 한 가지 방법은 설교자, 즉 예수님께 우리의 초점을 맞추는 것이다. 프랑스의 외줄타기 곡예사 샤를 블롱뎅(Charles Blondin)은 1859년 여름에 나이아가라 폭포를 여러 번 횡단했다. 어떻게 했느냐는 질문에 그는 이렇게 말했다, "폭포 반대편에 있는 사물에 시선을 고정하고 절대 한눈을 팔지 않습니다." 우리가 어떻게 산상수훈대로 살 수 있을까? 우리의 시선을 예수님께 고정함으로 가능하다.

예수님의 비유

복음서에는 45개의 비유가 있는데, 모두 마태복음, 마가복음, 누가복음에 있다 (요한복음은 비유보다는 설교를 사용한다). 독일의 학자 요아킴 예레미아스(Joachim Jeremias)는 예수님의 비유는 모두 독특하다고 말했다. 우리가 비유를 읽거나 들을 때, 예수님과

"얼굴을 맞대며" 만나게 된다고 말했다.

* **선한 사마리아인** (눅 10:25~37). 선한 사마리아인은 예수님의 비유 중에 아마도 가장 잘 알려져 있을 것이다. 우리는 사마리아인을 *선하다*고 말하지만, 비유에서는 그를 "선하다"고 말하지 않는다. 이것은 훗날의 해석인데, 일상용어로 자리잡아서 심지어 대중매체에서도 "오늘 선한 사마리아인이 구한..." 식으로 쓰게 되었다. "서기관"(모세의 율법에 정통한 자)이 예수님께 영원한 생명을 얻기 위해 무엇을 해야 하는지 물었다. 서기관은 두 가지 큰 계명—하나님을 사랑하고 (신 6:5) 이웃을 사랑하는 것 (레 19:18)—을 알고 있었다. 그가 모른 것은 *도움이 필요한 사람은 누구나* 이웃이라는 것이었다. 비유에서, 제사장과 레위인은 도움이 필요한 사람에게 사랑과 자비를 보이기는커녕 율법을 지키기에만 급급해서 자신들을 더럽힐까봐 쓰러진 사람을 만지지도 않는다. 선한 사마리아인은 과거에나 지금에나 이웃에게 사랑을 보여 주는 완벽한 예이다. 그는 전혀 예상 밖의 일을 했다. 유대인을 도우러 갔다 (요한복음 4장 9절에 따르면 유대인들과 사마리아인들은 서로 상관하지 않는다). 그는 해야 할 일을 염려하거나 머뭇거리지 않고 즉시 행동했다. 그는 최소한의 것, 그 이상으로 했다. 쓰러진 사람의 상처를 치료했고, 여인숙으로 옮겨 그를 돌봐 주는 값을 지불했으며, 필요하다면 더 지불할 것을 약속했다. 선한 사마리아인의 비유는 한 가지 의문을 남긴다. 우리는 길에 쓰러져 있는 모든 사람을 돌봐야만 하는

가? 그것이 아니라면, 어디서 선을 그어야 하는가? 이웃을 사랑하라는 예수님의 계명은 보편적인 계명이다. 사랑하기 쉽고 편한 사람에게 한정되는 것이 아니다. 오늘날 이스라엘에서는 팔레스타인 사람에게 사랑을 보이는 유대인 혹은 그 반대의 경우를 의미할 것이다. 미국에서는 중동에서 온 사람들이나 동성연애자나 에이즈 환자에게 사랑을 보이는 경우를 의미할지도 모른다.

• **부자와 나사로** (눅 16:19~31). 부자와 부자의 문간에 앉아 부스러기를 기다리는 거지 나사로(요한복음에 나오는 나사로와 혼동하지 말라)는 부를 적절히 사용하라는 누가복음의 많은 비유 중 하나이다. 가난한 자는 죽어서 천사가 데려갔다. 부자는 죽어서 음부(천국과 지옥 사이에 있는 곳)에 갔다. 왜 이렇게 뒤바뀌었는가? 부자는 문간에 앉은 가난한 자를 모른 척 했고 또한 그는 하나님도 그렇게 모른 척 했기 때문이다. 사도 요한은 "누가 이 세상 재물을 가지고 형제의 궁핍함을 보고도 도와줄 마음을 막으면 하나님의 사랑이 어찌 그 속에 거할까보냐"(요일 3:17)라고 말함으로 이 비유의 교훈을 반영하였다. 언젠가 우리는 우리가 받은 은사와 축복을 헤아리고 우리 문간에 앉은 사람들을 어떻게 대했는지 가늠하기 위해 불려갈 것이다.

거룩한 삶의 습관들

1989년에 스티븐 코비(Stephen Covey)의 베스트셀러 「성공하는 사람들의 일곱 가지 습관」(The Seven Habits of Highly Effective People) 이라는 책이 출판되었다. 현대에서 우리는 어떻게 기독교의 믿음을 따라 살고 증거할 수 있을까? 한 가지 방법은 십계명의 후반부 (다섯 번째 계명부터 열 번째 계명까지), 산상수훈에 나오는 팔복과 대구, 사도 바울이 갈라디아서에 쓴 성령의 열매 (5:22~23), 사도 바울이 골로새서에서 나열한 덕목들 (3:12~15), 사도 바울이 로마서에서 말한 그리스도인의 행동에 대한 교훈(12:9~21)으로부터 "거룩한 삶의 일곱 가지 습관"을 기르는 것이다. 이뿐만 아니라 다른 책에서도, 우리는 가정과 이웃과 일터와 휴식을 취하는 곳에서 그리스도인답게 살도록 우리를 인도해 주는 개인용 맞춤 "거룩한 삶의 습관들"을 기를 수 있다.

기원전 2000년—기원후 2000년

기원전

2000 하나님이 아브라함을 "내가 지시할 땅으로 가라"고 부르시다 (창 12:1)

1290 여호수아가 이스라엘 백성을 약속의 땅 가나안으로 인도하다

1250 모세가 이스라엘 백성들을 애굽에서 탈출하도록 인도하다

1000 예루살렘이 파괴되고 유대인들이 바벨론 포로로 끌려가다

587 이스라엘의 가장 위대한 왕 다윗이 통치를 시작하다

538 매카비 교도들이 봉기하고 성전을 다시 헌당하다 *(하누카)*

332 알렉산더 대왕이 팔레스타인을 침략하여 정복하다

164 바벨론 포로에서 돌아와 예루살렘을 재건하다

63 로마 군대가 팔레스타인을 침략하여 점령하다

37 헤롯 왕이 유대인의 왕이 되다

6 나사렛 예수가 베들레헴에서 탄생하다

기원후

30 예수님이 죽으시고, 부활하시고, 승천하시다

33 마가복음: 네 개의 정경 복음서 중에 맨 처음으로 기록되다

70 바울이 다메섹 도상에서 부르심을 받아 회심하다

312 로마의 황제 중 최초의 기독교인 콘스탄틴 대제가 회심하다

325 니케아회의에서 니케아신경을 공식화하다

380 기독교가 로마 제국의 국교가 되다

405 제롬이 성경의 라틴어 번역을 완성하다 *(불가타역)*

1054 교회가 로마가톨릭교회와 동방정교회로 나누어지다

1095 교황 우르반 2세가 예루살렘을 탈환하는 1차 십자군 전쟁을 시작하다

1273 아퀴나스가 「신학대전」(Summa Theologica)을 완성하다

1382 존 위클리프가 라틴어성경 불가타역을 영어로 번역하다

1456 요한 구텐베르크가 금속활자를 발명하다

1492 크리스토퍼 콜럼버스가 복음의 신세계를 열다

1517 마틴 루터의 "95개 조항"이 개신교 혁명에 불을 붙이다

1534 영국이 로마에서 분리되어 왕을 교회의 수장으로 삼다

1536 존 칼빈의 「기독교 강요」가 개신교를 체계화하다

1545 트렌트공의회: 가톨릭이 개신교 혁명에 대해 입장을 정하다

1611 흠정역(킹 제임스 버전) 성경이 개신교의 "공인된" 성경이 되다

1620 *메이플라워호*(Mayflower)가 신세계로 항해하다: "하나님의 영광을 위한 공동체"

1647 「웨스트민스터 교리문답」: "하나님께 영광을 돌리고 영원히 하나님을 기뻐하
      기 위해"

1793 윌리엄 케리가 캘커타에서 개신교 선교를 시작하다

1906 로스앤젤레스 거리 선교: 오순절교회의 탄생

1947 사해사본 발견: 가장 오래된 유대 사본

1949 빌리 그래함이 로스앤젤레스에서 첫 번째 집회를 가지다 (오늘날까지 2억 1천
      만 명이 참석)

1963 교황 요한 13세가 제 2의 바티칸을 천명하다: 가톨릭 "현대화"의 시작

1991 구 소련이 해체되고 종교의 자유가 회복되다

2000 암스테르담 2000이 *암스테르담 전도선언문*을 발표하다

	마가복음	마태복음	누가복음	요한복음
절	661	1,068	1,149	878
기록 연대	65~70년	80년대 중반	80년대 중반	90년대 중반
저자	베드로의 제자인 요한 마가	예수님의 제자인 마태이거나 마태의 제자들	사도 바울의 동행자인 누가	제자이자 사도인 요한
독자층	이방인, 로마의 그리스도인	시리아와 갈릴리에 사는 유대 그리스도인	그리스—로마 지역에 사는 그리스도인	에베소의 기독교 공동체
예수님의 사명	"자기 목숨을 많은 사람의 대속물로 주려 함이니라" (10:45)	"선지자로 하신 말씀을 이루려 하심이니" (1:22)	"잃어버린 자를 찾아 구원하려 함이니라" (19:10)	"나를 보내신 이의 뜻을 행하려 함이니라" (6:39)
예수님의 묘사	십자가를 지신 하나님의 아들	약속된 메시야	만유의 구원자	성육신하신 말씀
예수님 이야기의 출발점	세례 요한에게 세례받으심	탄생과 유대 족보	탄생과 인류의 족보	창조 이전 (신이신 말씀)
예수님의 첫 번째 중요한 대중 사역	가버나움: 첫 번째 병 고침 (1:21~28)	갈릴리 바다: 첫 번째 설교 (5~7장)	나사렛: 처음으로 자신을 선포 (4:16~21)	가나: 첫 번째 표적 (2:7~11)
구조적 중심점	베드로가 예수님을 메시야로 고백 (8:27~31)	베드로가 예수님을 메시야로 고백 (16:13~21)	예수님이 예루살렘으로 가는 여정을 시작하심 (9:51)	예수님이 제자의 발을 씻기심 (13:1~11)

	마가복음	마태복음	누가복음	요한복음
서술에서 독특한 예수님의 인격적 요소 혹은 이야기들	· 예수님의 활동과 긴박감 ("즉시") · 예수님의 인간성 · 예수님의 기적들 (복음서의 3분의 1) · 예수님의 열정 (처음 기록된 설명)	· 이스라엘의 소망을 이루시는 예수님 · 산상수훈 · 예수님의 "마지막" 설교 (24~25) · 예수님의 위대한 부탁	· 예수님의 탄생 이야기 · 죄인들, 버림받은 자들, 여인들을 향한 예수님의 관심 · 예수님의 비유 (수적으로 제일 많고 독특함) · 예수님의 승천	· "말씀이 육신"이 되신 예수님 · 예수님이 니고데모와 나누신 "거듭남"의 대화 · 예수님의 일곱 가지 표적들 · 예수님이 일곱 번 "나는…이다" 라고 말씀하심
특징	· 최초의 복음서 · 가장 짧음 · 직설화법 · 두 가지 결말	· 신약에서 제일 처음 나옴 · 체계적 · 구약을 참조하고 인용함 · 교리문답적	· 역사적 · 문체가 세련됨 · 성령 · 사도행전이 후편	· 공관복음서와 다름 · 직접 목격함 · 신학적 · 가장 인기 있음
상징	황소	사자	사람	독수리

도서출판 세 복의 발간 도서

<u>QT를 위한 묵상집</u>

기적을 만드는 사람들
워렌 위어스비 지음 / 구교환 옮김 / 신국판 / 초판 1쇄 / 182쪽 / 6,000원
사도로 변화된 베드로의 이야기를 통해 현대의 그리스도인들이 하나님의 기적을 만들며 살아가도록 도전하는 책.

날마다 솟는 샘
존 T. 시먼즈 지음 / 이영기 옮김 / 크라운판 (양장본) / 초판 1쇄 / 378쪽 / 12,000원
사복음서에 나타난 예수님의 삶과 가르침을 통하여 일 년 동안 큐티를 위한 매일의 영적 양식으로, 독자의 영적 삶을 풍성하게 해주는 책.

너희는 나를 누구라 하느냐?
존 T. 시먼즈 지음 / 홍성철 옮김 / 신국판 / 초판 1쇄 / 198쪽 / 6,500원
예수님의 인격과 비유와 기적을 통해 "너희는 나를 누구라 하느냐?"에 대한 질문을 신학적으로나 신앙적으로 명쾌하게 제시한 책.

십자가 앞에서
리차드 바우크햄, 트레보 하트 지음 / 김동욱 옮김 / 신국판 / 초판 1쇄 / 156쪽 / 5,000원
십자가 앞에 서 있던 열한 명의 삶의 관점에서 십자가를 묵상하므로 우리의 삶을 깊이 있게 변화시켜 줄 것을 기대할 수 있는 책.

하나님의 임재를 연습하라
로렌스 형제 지음 / 스티브 트락셀 편집 / 류명욱 옮김 / 신국판 / 초판 2쇄 / 172쪽 / 6,500원
일상생활 속에서 하나님을 사랑하라는 명령을 실천하는 것이 무엇인가를 보여 주어 하나님의 임재 안에서 사는 법을 훈련할 수 있는 명저.

<u>새신자 및 초신자에게 추천할 책</u>

나는 어떻게 예수님을 만났는가?
홍성철 편집 / 신국판 / 초판 1쇄, 개정판 10쇄 / 332 / 8,000원
각계 각층에서 그리스도의 향기를 진하게 풍기고 있는 21명의 신앙 고백으로, 새신자 및 전도용 선물로 최적인 책.

당신의 생애도 변화될 수 있다
알란 워커 지음 / 홍성철 옮김 / 신국판 / 초판 2쇄 / 104쪽 / 4,000원
삶의 목적과 변화를 원하는 모든 현대인들에게 예수 그리스도가 제공하는 구원의 은혜로 변화된 생애를 살 수 있도록 도전하고 길잡이 역할을 할 명저.

첫 걸음부터 주님과 함께
션 던 지음 / 전현주 옮김 / 신국판 / 초판 3쇄 / 115쪽 / 3,500원
반복되는 일시적인 결단의 공허함을 극복할 수 있는 원리를 제시하며, 그 원리를 삶에 적용할 때 믿음의 진보와 주님과 하나 되는 매일의 삶으로 인도하는 책.

참된 믿음을 가지려면

존 슈와츠 지음 / 전현주 옮김 / 신국판 / 초판 1쇄 / 148쪽 / 5,000원
성경 개관, 기독교 역사 이해, 기독교 특성 이해, 그리스도인의 성장 방법 등을 설명하는
기독교의 기본 안내서.

전도 및 선교를 위한 안내서

서로 사랑하자 성경적 복음전도의 모형

진 게츠 지음 / 하도균 옮김 / 신국판 / 초판 1쇄 / 228쪽 / 7,000원
사랑의 동기로 시작하는 복음전도에서 그리스도인들이 사랑으로 하나 됨을 통해 사람들
을 그리스도께로 인도할 구체적인 방법을 안내하는 베스트셀러 작가 진 게츠의 명저.

주님의 지상명령 성경적 의미와 적용

홍성철 지음 / 신국판 / 초판 1쇄 / 218쪽 / 7,000원
주님의 지상명령이 함축하고 있는 의미를 깊이 조명하여 그리스도인들로 하여금 그 명령
에 보다 확실히 순종할 수 있게 할 저자가 심혈을 기울인 책.

타문화권 복음 전달의 원리와 적용

존 T. 시먼즈 지음 / 홍성철 옮김 / 신국판 / 초판 3쇄, 2판 2쇄 / 342쪽 / 8,000원
복음과 타종교와의 관계 및 복음 전달의 원리와 방법을 깊게 다루어 복음 전달의 이론적
인도자가 되는 명저.

현대인을 위한 복음전도의 성경적 모델

홍성철 지음 / 신국판 / 초판 2쇄 / 322쪽 / 11,000원
복음적인 안목으로 성경에 접근하고자 하는 그리스도인과 복음전도 지향적인 설교를 준
비하는 사역자를 위해 길잡이 역할을 할 명저.

회심 거듭남의 의미와 적용

홍성철 편집 / 신국판 / 초판 2쇄, 개정판 2쇄 / 224쪽 / 6,000원
기독교에서 가장 핵심적 교리인 "회심"의 문제를 신학적, 경험적, 적용적으로 이 분야의
권위자들이 다룬 9편의 글.

강해설교집

고난 중에도 기뻐하라 (빌립보서 강해설교)

홍성철 지음 / 신국판 / 초판 2쇄 / 506쪽 / 10,000원
고난 중에도 기뻐할 수 있는 사도 바울의 비결을 성경적으로 파헤치고, 목회적으로 제시
한 41편의 강해설교집.

눈물로 빚어 낸 기쁨 (룻기 강해)

홍성철 지음 / 신국판 / 초판 1쇄 / 182쪽 / 6,000원
룻기에 담겨진 아름다운 이야기를 새로운 각도로 접근하여 전개한 강해집.

시편 강해 (I–IV)

강선영 지음 / 신국판 (양장본) / 초판 1쇄 / 550쪽 / 권당 15,000원
저자가 4년여 동안 시편 전체를 연구하며 설교한 것을 정리하여 펴낸 강해설교집.

심령의 호소를 들으시는 하나님 (시편 강해 1-23편)
이태웅 지음 / 신국판 / 초판 1쇄 / 304쪽 / 7,500원
시편을 기록한 지 수천 년이 지났으나, 시편 기자들이 경험한 변함없는 하나님의 실재와
냉험한 현실 사이에서 의에 주리고 목말라하는 사람에게 한 모금의 냉수와 같은 책.

알기 쉬운 히브리서 (히브리서 강해)
네일 라이트푸트 지음 / 홍성철 옮김 / 신국판 / 초판 1쇄 / 244쪽 / 7,500원
대제사장이요 단번에 드려진 속죄물이신 예수 그리스도를 소개하여 모든 그리스도인들
의 신앙을 깊게 하며 예수 그리스도를 깊이 만나게 하는 명저.

요한복음 강해 (I-IV)
강선영 지음 / 신국판 (양장본) / 초판 1쇄 / 590쪽 / 권당 12,000원
저자가 6년여 동안 요한복음을 연구하며 설교한 것을 정리하여 펴낸 강해설교집.

우리에게 일용할 양식을 주소서 (주기도문 강해설교)
홍성철 지음 / 신국판 / 초판 2쇄 / 228쪽 / 6,000원
주기도문에 나타난 하나님의 영광과 우리의 필요를 깊이 조명시켜 주는 강해설교집.

하나님의 사람들 마태복음 1장 1절 강해설교
홍성철 지음 / 신국판 / 초판 1쇄 / 272쪽 / 9,000원
14회에 걸친 강해설교로, 아브라함, 다윗, 예수 그리스도의 비천에서 존귀로의 삶을 통
해 21세기를 살아가는 그리스도인들에게 실제적인 교훈과 열정을 회복시키는 메시지.

교역자 및 지도자에게 추천할 책

가정교회 21세기 목회의 새로운 대안
박승로 지음 / 신국판 / 초판 1쇄 / 214쪽 / 7,500원
교회 성장을 위하여 소그룹의 특성을 살리며 살아 있는 교회의 세포인 "교회 안의 작은
교회"의 가정교회의 사례 연구와 교회 갱신의 전략으로서 구체적인 방향을 제시한 책.

목회자의 자기 관리
로이 오스왈드 지음 / 김종환 옮김 / 신국판 / 초판 2쇄 / 276쪽 / 7,000원
자기 관리에 게으르거나 무관심한 그리스도인이 어떻게 자기 관리를 해야 하는지 구체적
으로 제시하는 책.

복음주의 실천신학개론
복음주의 실천신학회 편 / 신국판(양장본) / 초판 4쇄 / 430쪽 / 15,000원
한국 교회의 목회자와 그리스도인들에게 신학의 복음주의적인 안목을 갖게 함으로 목회
현장을 더욱 풍요롭게 하는 지침서.

불타는 전도자 존 웨슬리
홍성철 지음 / 신국판 (양장본) / 초판 4쇄 / 344쪽 / 12,000원
존 웨슬리가 어떻게 불타는 전도자가 될 수 있었는지를 제시하여, 현대 그리스도인들도
불타는 전도자가 되도록 인도해 주는 책.

성령 안에서 설교하라

데니스 F. 킨로 지음 / 홍성철 옮김 / 신국판 / 초판 3쇄 / 176쪽 / 4,500원
방법과 기교를 강조하는 현대 설교에서 성령의 임재를 회복할 수 있는 설교의 원리와
방법을 분명하게 제시하는 책.

영혼을 돌보는 목자

캐롤 와이즈, 존 힝클 지음 / 이기승 옮김 / 신국판 / 초판 1쇄 / 248쪽 / 6,500원
잠재력이 있는 영혼들을 돌보는 사역을 감당하고자 하는 목사, 전도사, 평신도 지도자,
구역장 등에게 안내자 역할을 하는 책.

웨슬리안 조직신학

오톤 와일리, 폴 컬벗슨 지음 / 전성용 옮김 / 신국판 / 초판 1쇄 / 570쪽 / 15,000원
신학의 기초 과정을 위한 교과서일 뿐만 아니라, 평신도들이 사용할 수 있도록 간략하면
서도 체계를 갖춘 기독교 교리를 제시한 신학의 고전.

이렇게 예수 그리스도의 제자가 되자

홍성철 지음 / 신국판 / 초판 2쇄 / 238쪽 / 7,000원
예수 그리스도께서 모범적으로 이루신 제자 훈련의 방법과 원리가 무엇인지에 대한 해답
을 성경적으로 명쾌하게 제시한 책.

존 웨슬리   그의 생애와 신학

로버트 G. 터틀 2세 지음 / 김석천 옮김 / 신국판 / 초판 1쇄 / 480쪽 / 13,000원
하나님께 전적으로 헌신하며 살았던 존 웨슬리의 이야기를 통해 독자를 예수 그리스
도의 충만한 믿음으로 인도하는 책.

항상 은혜가 먼저입니다

류종길 지음 / 신국판 / 초판 1쇄 / 365쪽 / 9,000원
저자가 일생을 목회에 헌신하고 목사 안수 30주년 기념으로 그의 사역을 회상하며 하나
님의 은혜를 고백한 책으로, 설교집, 칼럼 및 목회 서신 등이 수록되어 있으며, 저자의
헌신, 희생, 비전, 지혜를 엿볼 수 있는 책.

<u>평신도에게 추천할 책</u>

그리스도의 마음

데니스 킨로 지음 / 홍성철 옮김 / 신국판 / 초판 1쇄 / 188쪽 / 6,000원
성령이 믿는 자에게 주시는 "그리스도의 마음"이 의미하는 바가 무엇인지 잘 설명해 주
는 명저.

당신의 인생을 다시 시작하라

데일 겔러웨이 지음 / 류선욱 옮김 / 신국판 / 초판 1쇄 / 202쪽 / 6,500원
인생에서 위기를 당하거나 상처를 입었을 때 어떻게 극복할 수 있는지 저자의 경험을
통해 새롭게 다시 시작할 수 있는 길을 감동적으로 조명해 주는 책.

도움의 기술   상처받은 사람에게 무엇을 말하고 행할 것인가

로렌 리타우어 브릭스 지음 / 이영기 옮김 / 신국판 / 초판 1쇄 / 392쪽 / 12,000원
우리의 도움을 필요로 하는 상처받은 사람들에게 우리가 의미 있는 격려를 할 수 있는
상식적이면서도 민감한 방법들을 제시해 주는 필독서.

마음의 숨겨진 상처를 치유하시는 예수님 성령님과 치유 사역
브래드 롱, 신디 스트릭클러 지음 / 전현주 옮김 / 신국판 / 초판 1쇄 / 318쪽 / 11,000원
독특하고 실제적인 방식으로 전인적이고 균형 있는 영적인 치료법을 다룬 상담과 치유
사역을 위한 필독서.

상처난 아버지와의 관계 회복
제임스 L. 쉘러 지음 / 이기승 옮김 / 신국판 / 초판 2쇄 / 272쪽 / 8,000원
인생의 풀리지 않는 아버지와의 문제들이 무엇이며 그것을 어떻게 다루어야 할지, 더
나아가 하나님 아버지께로 인도하는 책.

성결의 아름다움
베인즈 에트킨슨 지음 / 홍성국 옮김 / 신국판 / 초판 1쇄 / 184쪽 / 5,500원
성결이라는 성경적 진리의 핵심에 직면하여 마음의 감동과 함께 성결하게 되는 것을 체
험하도록 인도해 주는 책.

성령과 동행하라
스티븐 하퍼 지음 / 홍성철 옮김 / 신국판 / 초판 3쇄 / 224쪽 / 5,500원
기독교 영성이 무엇이며, 또 어떻게 그 영성을 체험하고 유지할 수 있는지에 대한 좋은
안내자가 되는 책.

성령님, 나를 변화시켜 주세요 그리고 사용하여 주세요
커리 매비스 지음 / 홍성철 옮김 / 신국판 / 초판 1쇄 / 180쪽 / 5,500원
분노와 죄의식 등 감정의 문제들이 어떻게 성령의 역사로 변화되어 성장할 수 있고, 주님
께 쓰임받을 수 있는가를 제시하는 책.

성령의 충만을 받으라
존 T. 시먼즈 지음 / 홍성철 옮김 / 신국판 / 재판 4쇄 / 152쪽 / 4,000원
성령의 충만과 능력을 갈구하는 모든 그리스도인에게 그 방법을 단계적으로 제시한 책.

잃어버린 퍼스날리티를 찾아서
최병전 지음 / 신국판 / 초판 1쇄, 개정판 1쇄 / 206쪽 / 5,000원
구원은 받았지만 인격의 상처는 개인과 가정과 교회와 사회에 문제를 일으키는 것을 진
단하고 해결의 실마리를 제시하는 책.

자살을 애도하며
알버트 쉬 지음 / 전현주 옮김 / 신국판 / 초판 1쇄 / 262쪽 / 7,000원
사랑하는 사람이 자살한 후 남겨진 자살 생존자들을 돕는 안내서이며, 자살을 예방할
수 있도록 돕는 책.

절망과 소망 사이에서 어떻게 육체의 질병을 이길 수 있는가
알 B. 와이어 지음 / 박현주 옮김 / 신국판 / 초판 1쇄 / 280쪽 / 9,500원
육체의 질병에 대해 심각한 진단을 받을 때, 어떻게 대처하고, 어떠한 선택을 하고, 어떻
게 하나님과 함께 동행하며 승리하는가를 보여 주는 책.

주님, 나를 변화시켜 주세요
에벌린 크리스튼슨 지음 / 이혜숙 옮김 / 신국판 / 초판 1쇄 / 280쪽 / 9,500원
하나님이 어떻게 사람들을 변화시키시는지를 놀랍게 경험한 저자는 변화를 이루시는 분이
하나님이심을 확신하게 하며, 실제적이고 획기적으로 변화되는 길을 안내해 주는 명저.

최후의 승리
어네스트 젠타일 지음 / 이혜숙 옮김 / 신국판 (양장본) / 초판 1쇄 / 398쪽 / 15,000원
예수님의 영광스러운 재림이 어떠할 것인지를 알려 주고, 영적으로 깨어서 기쁨으로 준비할 수 있게 할 역작.

현대인을 위한 존 웨슬리의 메시지
스티븐 하퍼 지음 / 김석천 옮김 / 신국판 / 초판 2쇄 / 168쪽 / 5,000원
존 웨슬리의 메시지를 현대인을 위해 재해석한 책으로, 현대의 그리스도인들에게 빛과 방향을 제시해 주는 책.

그룹 교재로 활용할 수 있는 책

그리스도인의 문제들 어떻게 극복할 것인가?
맥시 더남 지음 / 하도균 옮김 / 신국판 / 초판 1쇄 / 264쪽 / 7,000원
그리스도인이 매일의 삶 속에 당면하는 문제들을 어떻게 대처하고 극복해 나갈 수 있는지 안내하는 책.

성령의 열매와 생활
맥시 더남, 킴벌리 더남 레이스먼 지음 / 박재승 옮김 / 신국판 / 초판 1쇄 / 270쪽 / 7,000원
그리스도인의 믿음을 강화시켜 줄 재료로 일곱 가지 기본 덕목을 제시하며, 하나님이 창조하신 대로 선한 자가 되어, 독자를 성령의 열매를 맺는 생활로 안내하는 책.

영적 훈련
맥시 더남 지음 / 이연승 옮김 / 신국판 / 초판 1쇄 / 230쪽 / 7,000원
승리하는 그리스도인의 삶을 형성하기 위한 훈련 과정의 워크북으로, 개인적인 묵상뿐만 아니라 소그룹에서 사용할 수 있는 훈련 교재로도 적합한 책.

예수님처럼 사랑하자
맥시 더남 지음 / 류명욱 옮김 / 신국판 / 초판 1쇄 / 202쪽 / 7,000원
사도 바울의 사랑장인 고린도전서 13장의 내용을 구체적으로 파악할 수 있고, 독자로 하여금 사랑할 수 있는 구체적인 사랑의 길로 인도하는 책.

죽음에 이르는 죄 어떻게 극복할 것인가
맥시 더남, 킴벌리 더남 레이스먼 지음 / 서대인 옮김 / 신국판 / 초판 1쇄 / 288쪽 / 7,000원
피할 수 없는 일곱 가지 죄가 우리의 삶에 어떻게 나타나며, 이러한 죄를 다루는 방법을 제시하여 죄를 극복하게 하는 책.

중보기도
맥시 더남 지음 / 구교환 옮김 / 신국판 / 초판 1쇄 / 266쪽 / 7,000원
본서는 중보기도의 이해를 도울 뿐만 아니라, 개인이나 그룹이 중보기도를 실제로 하게 하기 위한 구체적이고 실제적인 지침서.

그리스도인들의 신앙 고백 / 전기

거룩한 삶을 산 믿음의 영웅들
웨슬리 듀웰 지음 / 홍성철 옮김 / 신국판 / 초판 1쇄 / 312쪽 / 8,000원
거듭난 후 성령으로 충만함을 받은 경험을 하고 하나님이 사용하신 믿음의 영웅들 열네 명의 전기집.

나는 어떻게 예수님을 만났는가?

홍성철 편집 / 신국판 / 초판 1쇄, 개정판 10쇄 / 332쪽 / 8,000원
각계 각층에서 그리스도의 향기를 진하게 풍기고 있는 21명의 신앙 고백을 기록한 책.

사망의 골짜기를 지날지라도

볼레터 스틸 크럼리 지음 / 유정순 옮김 / 신국판 / 초판 1쇄 / 158쪽 / 4,500원
말로 다 표현할 수 없는 인간의 비극 가운데서 하나님의 평강을 발견한 저자의 믿음과 용기에 관한 능력 있는 체험적인 이야기.

수잔나 존 웨슬리의 어머니

아놀드 댈리모어 지음 / 김석천 옮김 / 신국판 / 초판 2쇄 / 230쪽 / 6,000원
존과 찰스 웨슬리의 어머니 수잔나의 경건의 모범, 자녀 교육과 양육, 고난과 어려움을 이겨 풍성한 영적 유산을 남겨 준 이야기.

위대한 그리스도인들은 어떻게 성령의 충만을 받았는가

제임스 로슨 지음 / 홍성철 옮김 / 신국판 / 초판 2쇄 / 298쪽 / 7,000원
하나님의 장중에 사로잡혀 위대하게 살았던 20명의 감동적인 성령 충만의 체험담을 기록해 놓은 책.

하나님과 함께 한 스탠리 탬의 놀라운 모험

스탠리 탬 지음 / 류선욱 옮김 / 신국판 / 초판 1쇄 / 334쪽 / 8,500원
하나님의 주권을 인정할 때 얼마나 놀라운 모험을 할 수 있으며, 무엇보다도 영혼을 구원하는 일에 하나님의 동역자가 될 수 있음을 체험적으로 보여 준 책.

하나님의 회초리 능력을 위한 사랑의 매

스탠리 탬 지음 / 성미영 옮김 / 신국판 / 초판 1쇄 / 234쪽 / 6,500원
어떻게 하나님의 능력을 갖게 되고, 기도의 응답을 받으며, 매일 당면하는 문제를 초월하여 승리하고, 열매 맺는 삶을 누릴 수 있는지를 체험적으로 쓴 책.

영어권 독자에게 추천할 책

How I Met Jesus

John Sung-Chul Hong 편집 / 신국판 / 초판 1쇄 / 296쪽 / $9.99 (10,000원)
「나는 어떻게 예수님을 만났는가?」의 영어판. 한국 평신도 남녀 각 5인, 한국 목사 5인 및 외국인 5인의 신앙 고백.

기독교 고전 시리즈 (1-16권 / 문고판 / 초판 2쇄 / 권당 1,500원)

1. 왜 하나님은 무디를 사용하셨는가　　　　　R. A. 토레이 지음 / 홍성철 옮김

2. 보다 깊은 삶　　　　　로버트 머레이 맥체인 지음 / 구교환 옮김

3. 하나님의 임재를 연습하라　　　　　로렌스 형제 지음 / 이소연 옮김

4. 성결　　　　　J. C. 라일 지음 / 서대인 옮김

5. 예수님을 위하여 선하게 증거하자　　　　　존 왓슨 지음 / 이대규 옮김

6. 공격적인 기독교　　　　　캐더린 부스 지음 / 염동팔 옮김